Jahrbuch 2006
der Oskar Maria Graf-Gesellschaft

Herausgegeben von Ulrich Dittmann und Hans Dollinger

Weitere Informationen über den Verlag und sein Programm unter:
www.allitera.de

Bibliographische Information der Deutschen Bibliothek

Die Deutsche Bibliothek verzeichnet diese Publikation
in der Deutschen Nationalbibliographie;
detaillierte bibliographische Daten sind im Internet
über <http://dnb.ddb.de> abrufbar.

Juli 2006
Allitera Verlag
Ein Imprint der Buch&media GmbH, München
© 2006 Buch&media GmbH, München
Umschlaggestaltung: Kay Fretwurst, Freienbrink
Herstellung: Books on Demand GmbH, Norderstedt
Printed in Germany
ISSN 0946-3623
ISBN 3-86520-181-4

Inhalt

Vorwort 7

I. Oskar Maria Graf und die bildende Kunst

GERHARD BAUER
Die beredten Leiber in Beckmanns Bildern und Grafs
Geschichten 11

OSKAR MARIA GRAF
Heinrich Maria Davringhausen 43

ULRICH DITTMANN
Zum Oskar Maria Graf-Porträt von
Heinrich Maria Davringhausen 48

II. Literarische Beziehungen

JOHN MARGETTS
Gegenseitiger Respekt und tiefe Zuneigung
Thomas Mann und seine Beziehung zu Oskar Maria Graf   53

III. Oskar Maria Graf und die Jubiläen 2005

ULRICH KAUFMANN
»Der schönste Tag mit Schiller« 79

ULRICH DITTMANN
Oskar Maria Graf und Adalbert Stifter 89

IV. Editionsfragen

ULRICH DITTMANN
Wie Oskar Maria Graf seine Erzählungen bearbeitete
und herausgegeben hat 95

Anhang

Oskar Maria Graf: Die lästigen Handwerksburschen/
Tippelbrüder 106–111

Vorwort

Mit der Literatur hab' ich es nicht. Ich versteh' nichts davon und finde alles gut.« Das schrieb Oskar Maria Graf in den »Geschäftlichen und politischen Schlußempfehlungen«, die am Ende vom »Notizbuch des Provinzschriftstellers 1932« stehen.

Die in unserem siebenten Jahrbuch zusammengestellten Beiträge könnte man fast wie eine Frage nach dieser Selbsteinschätzung lesen: Hat er es wirklich »nicht mit der Literatur« gehabt? Meinte er nur den Literaturbetrieb?

Oskar Maria Grafs Geringschätzung seiner eigenen kunstkritischen Aufsätze, die er »wirklich nicht« schätzte, wie er in demselben »Notizbuch« im Beitrag »Der betrogene Appetit« mitteilt, widerspricht die erste Jahrbuch-Abteilung: Darin zeigt der Graf-Biograph Gerhard Bauer die Zeitgenossenschaft seines Erzählwerks mit den Bildern Max Beckmanns auf, einem der größten Maler des letzten Jahrhunderts.

Der Erwerb eines wenig bekannten Bildnisses läßt uns Oskar Maria Grafs eingehende und aufschlußreiche Besprechung des Porträtisten Heinrich Maria Davringhausen wiederabdrucken, der sonst nicht zu seinen Freunden gehörte.

Die zweite und dritte Abteilung widmen sich literarischen Bezügen: Eine neue Perspektive auf das Verhältnis zu Thomas Mann und Zeugnisse für Grafs prägende Lektüre der »Klassiker«, die im vergangenen Jahr gefeiert wurden, runden die Belege für seine Belesenheit in den Werken Schillers und Stifters ab: Er hatte es »mit der Literatur«!

Dem vorrangigen Ziel jeder literarischen Gesellschaft, einer intensivierten Lektüre die Werke neu zu präsentieren, gilt die vierte Abteilung, die zur Diskussion über die Graf-Werkausgaben anregen möchte.

Das Jahrbuch hat – anschließend an die gute Erfahrung mit der letzten Ausgabe – noch mehr Bilder aufgenommen. Wir hoffen, daß die Beiträge damit gewinnen und die Lesefreude gesteigert wird.

München, im Mai 2006
Ulrich Dittmann und Hans Dollinger

I. Oskar Maria Graf und die bildende Kunst

Gerhard Bauer
Die beredten Leiber in Beckmanns Bildern und Grafs Geschichten
Vortrag im Münchner Literaturhaus zu Grafs 111. Geburtstag am 20. Juli 2005

Die Frage nach der Leiblichkeit, auch nach dem eigenen Willen und der eigenen Würde der Leiber ist heutzutage stark vom Programm der Postmoderne bestimmt. Aber sie spielte auch früher eine starke Rolle, vermutlich schon in der Antike und im Mittelalter, sicher bei der Erfindung der »Moderne«, und besonders seit der »klassischen Moderne« im ersten Drittel des 20. Jahrhunderts. Man muß nur hinter die Proklamationen schauen und sich von den Abstraktionen nicht täuschen lassen. In der französischen Kultur werden die »Weisheiten des Leibes«, *les sagesses du corps*, sehr wichtig genommen. Im Deutschen sind sie weniger anerkannt, doch bieten die besten Künstler und Schriftsteller so viel sprechendes Material dazu, daß man sich einmal auf die Beredtheit dieser Leiber konzentrieren sollte. Beckmanns Bilder und Grafs Geschichten sind nur zwei von vielen denkbaren Beispielen, aber zwei sehr machtvolle und »laute«. Man könnte sich viel länger als nur einen Abend lang damit beschäftigen.

Die beiden Künstler sind in vieler Hinsicht verschieden, haben auch einen sehr unterschiedlichen Grad von Anerkennung gefunden. Aber in ihrer Unbeirrbarkeit, in der Drastik und Ungeschminktheit ihrer Darstellungen fordern sie geradezu zu einem Vergleich heraus. Nach München komme ich bis heute noch als in die Stadt Oskar Marias, und so war ich ganz frappiert, als ich im Beckmann-Saal der Pinakothek der Moderne lauter Bilder fand, die mich gerade in der Inszenierung der Leiber stark an die Geschichten Oskar Marias erinnerten. Und zwar entschieden stärker, präziser, bedeutungsvoller als die Malweise seiner expliziten Malerfreunde von Schrimpf bis Wähmann, von Schad bis Davringhausen. Beckmann hat er nie getroffen, und es ist nicht sicher, ob er von seinen Bildern überhaupt Kenntnis hatte. Aber die Übereinstimmung in der Auffassung vom Menschen als Produkt von Verhältnissen, als Schnittpunkt von Situationen und im Kern oder potentiell als eine sich selbst bestimmende Person ist markant, mitunter verblüffend. Im Laufe meiner Beschäftigung drängten sich die Bilder immer weiter vor, so daß die Geschichten jetzt eher die Unterstimme bilden; das scheint mir in einem Jahrbuch für Graf-Liebhaber auch gerechtfertigt. Bei den Kunst-Liebhabern aber muß ich mich entschuldigen. Ich bin kein Kunsthistoriker; bei der Vorbereitung habe ich gemerkt, wie viel mir an Kenntnissen fehlt, an Theorie und selbst an Vokabeln. Trotzdem bin ich der Meinung, daß die Bilder allen gehören, die sie lieben, und daß man vor derartig beredten Leibern besser nach behelfsmäßigen Worten sucht, als stumm bleibt.

Eingeteilt habe ich den Vortrag in neun Punkte, nach der fortschreitenden Erkennbarkeit und Verweisungskraft der gemalten oder beschriebenen Leiber.

1) Körperlichkeit überhaupt

Malerei ist als solche, wenigstens im Abendland seit ihrer großen Zeit von der Renaissance an, eine Huldigung an die Leiblichkeit, an die sichtbare und plastische Gestalt des Menschen. Das hat unendlich viele Variationen und Entwicklungsstufen. Ich möchte nicht gern Rubens anführen, der die Fleischlichkeit so üppig und oft aufdringlich inszeniert. Lieber denke ich an die Heiligen von José Ribera.[1] Ribera war und ist berühmt für seine Gestaltung der Haut, vor allem von alten Menschen; seine Heiligen sind zumeist schon betagt. Der Mensch präsentiert sich den Blicken der Betrachter mit seiner vom Licht beschienenen und modellierten Haut, in der jede Rippe, jeder Muskel sich genau abzeichnet. Darin steckt er und ist ganz und gar einig mit seiner Gestalt. Damit bietet er sich zugleich, willig, den künftigen Martern an, denn es sind zumeist Märtyrer, die auf diesen Tafeln so gediegen-gebräunt und dezent-entblößt erscheinen. Der Maler erfaßt ihre Leiber aber diesseits der Marter. Selbst wenn sie am Kreuz hängen wie etwa der hoch dramatische Heilige Andreas in Budapest, sind sie im Vollbesitz ihrer Sinne wie ihrer Glieder. Das ist seine, Riberas, Feier der Leiblichkeit, eine Frucht der vielen Erfindungen

---

[1] Die weitaus meisten hängen in Spanien, vor allem im Prado (Madrid).

der Renaissance, des Manierismus, vor allem Caravaggios, und wohl auch der Niederländer.

In Beckmanns Bildern stecken die Personen nicht weniger fest und plastisch in ihren Leibern als bei den großen Malern, auf die er sich beruft. Er hält sogar betont und emphatisch, im Widerspruch gegen andere Avantgarde-Strömungen seiner Zeit an der dritten Dimension hinter der zur Verfügung stehenden zweidimensionalen Leinwand fest. Die Rundung von Armen und Schenkeln etwa ist ein unerschöpfliches Thema seiner Bilder. Aber von Einigkeit mit sich selbst, Einigkeit mit seinen Händen und Gliedern kann nicht die Rede sein. Die Figuren wirken wie gelähmt, überfordert von der Rolle,

Familienbild George, 1935, Berlin, aus: R.74. ²

² Die Abbildungen sind alle bis auf eine dem bisher umfassendsten Ausstellungskatalog entnommen: Max Beckmann, Retrospektive. Hg. von C. Schulz-Hoffmann u. J. C. Weiss. München 1984. Die Angabe R. mit Nummer verweist auf die Abbildungen im Katalogteil, R. S. mit Seitenzahl auf die Aufsätze dieses Bandes. Alle Bilder: © VG Bild-Kunst, Bonn 2006

die sie in diesen Leibern auf der Bühne dieser Welt zu spielen haben. Selbst wenn das Spielen, z. B. Theaterspielen, ihr Metier ist und sie höchst kompetent in dieser Kunst sind wie der Schauspieler George, der sich hier auf seine Rolle als Wallenstein vorbereitet, dann ist die Präsenz im Körper und im Raum, der Platz für die Hände, die Position des Kopfes auf dem Rumpf keineswegs selbstverständlich. Jedes Detail dieser angezogenen oder verkleideten Leiber, und der unbekleideten erst recht, ist voll von Merkwürdigkeiten, Auffälligkeiten. Manchmal verhilft ihnen eine Pose oder eine provisorische Geste zu einem gewissen Stand, aber dann macht eben diese nur um so auffälliger, daß da nichts einfach im Lot ist. Hier ist die massige, bullige Gestalt so dominant, daß sie die übrigen Mitglieder dieser kleinen »Familie« geradezu an die Wand drängt. Sie monopolisiert den Bildraum, sie spiegelt sich noch in den Attributen der Aggression über dem Kopf dieses Gewaltmenschen und zu seinen Füßen, wie überhaupt Beckmann die menschlichen Gestalten, die für ihn im Mittelpunkt stehen, mit vielerlei Emblemen, Symbolen, bedeutsamen Geräten oder Transportmitteln umgibt. Wie immer bei Beckmann ist der Kopf sichtlich bloß ein Teil des Leibes. Er sitzt irgendwie auf dem Körper, ist ebenso eingezwängt und einer unbehaglichen Lage ausgesetzt, wird einer gnadenlosen Betrachtung von außen unterworfen, geradezu abgetastet und in seinen Dimensionen katalogisiert.

Graf läßt seine Figuren ähnlich leiblich und materiell bestimmt erscheinen. Er zeigt belebte, von allerlei Aspirationen bewegte Trumms von Menschen, mit Vorliebe ebenfalls massige. Ihre Person, ihr Inneres ist zumeist nicht anders zu haben als in diesem verschlossenen, oftmals widerspenstigen Körper: in der Statur, der Haltung, der momentanen Miene oder auch der habituell gewordenen, gewissermaßen gefrorenen Miene. Auch der Charakter erweist sich in Grafs erzählerischer Analyse als eine Mischung von Innen und Außen. »Bockstarr«, »bockbeinig« nennt er sie etwa – wir können uns aussuchen, ob wir uns von der gegebenen Metapher aus lieber von der Anschauung führen lassen oder uns der Einbildungskraft überlassen. Graf als Erzähler kann natürlich viel mehr von der Bedürftigkeit und der Bedürfnisbefriedigung dieser menschlichen Kreaturen in sein episches Bild rücken. Er hat es mit Wesen zu tun, die sich nähren, die vor allem viel trinken müssen. Der Verzehr, die Vereinnahmung, ja das Einsaugen (oder auch Raffen zu künftigem Behagen) spielt bei ihm eine große Rolle. Schwitzen, Keuchen, Spucken gehört mit dazu, lauter Tätigkeiten, die man nicht gut malen kann oder die, wenn gemalt, unproportioniert drastisch wirken würden, siehe Lessings »Laokoon«. Auch die laufende Veränderung der Existenz erscheint natürlich stärker in erzählten Prozessen als in gemalten Zuständen. Bei Graf ist es vor allem eine Dynamik der Beschädigung und des Verlusts. Die vielfältigen Kränkungen zeigen sich an der Gestalt, in ihrer Haltung. Da laufen oder stehen die Menschen »zerschlissen«, »zerstoßen«, aber manchmal läßt er sie auch wieder »aufgleimen«, sich straffen; sie nehmen wieder Besitz von ihren abgematteten Gliedern. Bei beiden Künstlern steckt die »Seele«, sofern überhaupt eine angenommen wird, fest im Leib und ist deshalb auch all seinen Gebresten und Häßlichkeiten mit unterworfen. Indem das Herz »schlägt«, liefert es sich auch der Rhythmik und aller Zwang- und Krampfhaftigkeit der repetitiven Verläufe in der Welt aus. In feierlichen Momenten schlägt das Herz »wie eine Veteranenvereinstrommel«.[3]

2) Fassung, Haltung inklusive Verzerrung

Figuren der Spezies Mensch sind natürlich nie pures Fleisch. Sie haben sich schon immer eine Façon, eine innere und äußere Haltung zugelegt; durch sie werden sie erst darstellbar und wiedererkennbar. Wie sie sich halten, sich präsentieren, den Raum einnehmen und in ihm einen Stand gewinnen, das prägt sie nicht weniger als ihr Knochenbau und die Außenhaut. Bestimmte Figuren »drängen sich« ihm »auf«, schreibt Beckmann öfter, und das merkt man der Gestaltung seiner Figuren an. Sie werden mit einem inneren Drall, einem äußeren Schwung ins Bild gesetzt, und sie setzen erst den Raum, werden nicht in ihn eingefügt, sondern dominieren ihn, machen ihn zum Arrangement um ihre Person herum. Wenn wir etwa Beckmanns

---

[3] In der Erzählung »Dinggei« aus dem »Bayrischen Dekameron«. Grafs Werke zitiere ich nach der 18-bändigen Ausgabe des Süddeutschen Verlags, 1975-89, die »Kalendergeschichten« außerdem nach der Ausgabe der Büchergilde Gutenberg, 1986 (zitiert mit I/S. und II/S.). »Einer gegen alle« nur dort, 1982.

»Selbstbildnis als Clown« betrachten (1921), dann fällt nicht nur der verhaltene, beinahe Ruhe gebietende Blick auf sowie die mächtigen Gesten, die der kindischen Verkleidung in die Parade fahren, sondern auch, daß der Körper durch den Raum gar nicht gehalten wird. Er sitzt oder steht nirgends, aber er braucht auch keinen Halt; die Gestalt ruht, wenn überhaupt, dann in sich selbst.

Das ständige Bemühen um Fassung, um Konzentration des Lebens im Zentrum der Personen wäre aber eine unerträgliche Überforderung, wenn nicht ein Rudiment von Ausspannen und Sichgehenlassen anerkannt würde. Beide Künstler brillieren mit Erscheinungen, die sich der Disziplinierung und Formung entziehen. Die eigene Gestalt feiern sie als eine, die trotz aller zivilisatorischen Accessoires eine naturhafte Plumpheit behält. Beckmann macht das höchst prononciert, rücksichtslos gegen sich selbst, z. B. im »Selbstbildnis mit Saxophon«, im »Selbstbildnis mit Glaskugel« und einer Reihe weiterer. Graf macht es unablässig, vor allem im ersten Teil von »Wir sind Gefangene«, in dem er sich gar nicht genug tun kann, die eigene »Blödheit«, »Stieseligkeit« und drastische Wildheit hervorzukehren. Beckmann füllte eine Radierung in mindestens drei Fassungen mit lauter gähnenden Mündern. In anderen Inszenierungen hilft er der naturhaften Grobheit von Menschenleibern nach, indem er die Hände zu einer Art Flossen, die Füße zu Schwimmpfoten macht oder Hände ebenso wie Füße perspektivisch ins Ungeheure verzerrt. Grafs »Sittinger« wird als dermaßen »auseinandergelaufen« charakterisiert, daß er dahockend wie eine riesige Qualle ein ganzes Kanapee allein bedeckt. Die Lust an der drastischen Darstellung ist noch stärker als jede denkbare Denunziation. Selbst die Beschwerlichkeiten des Leibes werden gewissermaßen mit Liebe präsentiert, ein »viel zerfaltetes, stubenfarbenes Mopsgesicht«[4] etwa oder eine Miene, »wie wenn er Essig gesoffen hätte«.[5] Wenn einer lediglich laut hustet, klingt das »schier wie reibendes Krachen rollender Steine«.[6] Der Gipfel des Behagens ist erreicht, wenn zwei Zufallsgefährten einträch-

[4] Kalendergeschichten I/56.
[5] Dekameron, S. 41.
[6] Kalendergeschichten I/95.

tig vom Wirtshaus nach Haus tappen, das Hosentürl aufmachen und gleich vom Weg weg in die freie Natur brunzen. »A-ah! ... Dös tuat guat« sagen sie noch dazu.[7]

Die Figuren in ihrer sinnlichen und räumlichen Präsenz werden gewissermaßen mit Liebe gemacht, gehegt, ein wenig sogar gehätschelt. Einen zarten Hinweis darauf gibt das »Selbstbildnis im grauen Schlafrock«, auf dem Beckmann als Skulpteur die Figur, die er gerade aus dem Holz herausholt, fest umklammert. Der Blick geht darüber hinaus und spricht von hoch problematischen Beziehungen zu seinem Metier. Der Rumpf und die Hände aber unterstreichen eine liebevolle, schützende Beziehung zum Werk dieser Hände, und zwischen den Augen und den Händen spielt sich noch ein intensiver Dialog ab. In einem späten Ölgemälde, »Traum des Bildhauers«,[8] wird das Thema variiert: Da steht ein lebendiger, stark verzerrter, offenbar ächzender Leib im Mittelpunkt, und zu beiden Seiten wird er von riesengroßen, aus dem Nichts herauskommenden Händen gehalten.

Selbstbildnis mit grauem Schlafrock, 1941, München; R. 93

---
[7] Ebd.
[8] 1947, unerreichbar, da im Privatbesitz in USA, s. R. S. 144.

3) Gefangenschaft, Leiden und Gewalt

Daß die Personen auf den Bildern wie in den Geschichten »sich halten« ist erst die halbe Wahrheit. Sie werden auch gehalten, werden gestellt, versammelt, angetrieben, aber von wem? Von was? »Wir sind Gefangene« ist das große Thema Grafs wie mancher seiner Zeitgenossen. Er grübelt darüber, was die Menschen derart unfrei macht, von seinen jugendlichen Selbst- und Welterfahrungen an bis zu den späten bitteren Summen, die er aus zwei Weltkriegen, einer fatalen Diktatur und der Entgleisung seines Lebensgangs bis in eine Mietwohnung im Norden von Manhattan zieht. In den Gesellschaftsbeziehungen und Weltbezügen, die Beckmann ins Bild setzt, spielen Gitter, Fesseln, Masken eine zentrale Rolle.[9]

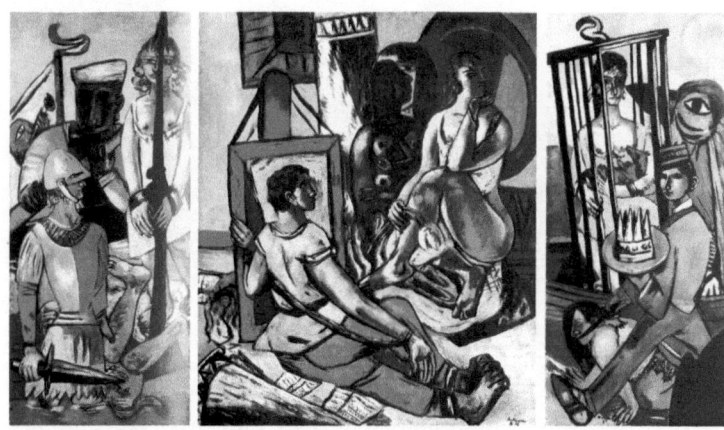

Versuchung, 1936/37, München; R. 73

In der »Versuchung«, hier in München, kommen außer dem transportablen Käfig noch fünf Formen der Fesselung und Knebelung oder des Schandpfahls vor sowie links ein so martialischer Krieger (mit weiblichen Zügen), daß er auf Erstechen und Ersäufen zugleich setzt, also gewissermaßen überdetermi-

---

[9] Siehe den Artikel von Carla Schulz-Hoffmann in der großen Retrospektive von 1984, R. S. 15–52.

niert ist. Aber auch das Mittelfeld, eine ruhige Szene in einem Interieur, ist von Beziehungen der Unfreiheit durchzogen und steht in einem hochgradig komplexen Verhältnis zu den Seitentafeln. Der Maler oder Anbeter im Vordergrund ist nur lose gefesselt, doch gerade so, daß er die Hände nicht wird gebrauchen können, wozu auch immer. Die Schöne ihm gegenüber ist der Erscheinung nach frei. Sie ruht im vollsten Licht, ist statt durch Fesseln nur durch eine welke Blume »gehalten«. Gleichwohl wirkt sie dezentralisiert und irritiert durch die Verdoppelung in der gänzlich dunklen Skulptur daneben, durch die dahinter auftauchende Groteskfigur, die mit dem nach vorn gerichteten Auge genau dem gewaltigen Vogel der rechten und dem schwarzen Matrosen der linken Tafel entspricht, und schließlich noch durch den Spiegel, der nichts im Bild Vorkommendes spiegelt. Innerlich ist sie alles andere als frei. Wie grundsätzlich dieser Bildbefund gemeint ist, verraten die Zeitungszeilen auf dem Boden: »Saturn« als der fernste der Planeten, »Im Anfang war das Wort« als das Urei der Geschichte. Eine zusätzliche Verstärkung liegt wohl in dem angedeuteten schwarzen Kopf rechts unten, der den Eindruck macht, als wollte der Maler, der »Erzähler« dieses Bildes sich selbst mit zu den ineinanderverstrickten Figuren zählen, die er darstellt.

Den Krieg hat der mit gemusterte, mit eingezogene und als Sanitäter verwendete Max Beckmann weder an den zerfetzten Leibern noch an den vielen Kriegskrüppeln anschaulich gemacht – er wollte kein Grosz und kein Dix werden. Er konzentriert sich auf die Unheimlichkeit und Qual der angeblich normalen, aber unterhöhlten, außer Rand und Band geratenen Beziehungen einer sozial zerklüfteten und moralisch nicht länger gezähmten Gesellschaft, z. B. in einem schaurigen Bild vom Ende des Krieges, »Die Nacht«. Den gleichen Weg geht der Schipper und Trainsoldat Oskar Graf, der dem Frieden schon vor 1914 nicht getraut hatte und der den offenen, bestialischen Bruch der Zivilisation 1914 in den folgenden fünfzig Jahren seines Lebens gar nicht genug ausmalen und reflektieren konnte. Der Gekreuzigte ist in Beckmanns Bildern, z. B. in seiner »Kreuzabnahme« (1917; R. 17) kein Gott, keine Instanz jenseits dieser brutalen Menschenwelt. Er ist in seiner sperrigen, übergroßen, das ganze Bild erfüllenden Leiblichkeit ein Mensch wie jeder. Und er ist zugleich ein Sinnbild, ein Memento einer Menschheit, die seit fast zweitausend Jahren zu einem solchen Leidensbild aufschaut. Sie hat sich daraus schon vielerlei Trost, aber einen höchst prekären Trost geholt. Sie kommt in ihren Vorstellungen von den höchsten, ja göttlichen Instanzen oder Sinngebungen ihres Lebens bis heute nicht frei von den drastischsten Aggressionsbeziehungen, von Preisgabe, Opfer, Kreuz und Mord.

Bei Beckmann sind es außer den verbissenen oder schmerzverzerrten Mienen vor allem die Hände, die das soziale Miteinander als Gegeneinander, als Aggression, Domination, Folter und Ohnmacht ausdrücken. Nach dem Zweiten Krieg wird das noch gesteigert zu einem überaus drastischen, geradezu vorlauten Spiel der Hände etwa in »Afternoon« (1946; R. 108), wo sogar eine Hand mehr sich einmischt und zugreift, als den Personen eigentlich zusteht. Bei Graf kommt immer noch die Sprache hinzu, die bis in ihre harmlosen Wendungen hinein von Gewalt durchzogen und von Unfreiheit geprägt ist. Man denke nur an das beliebte »Haut scho« zur Bezeichnung von »okay« oder an die lebenslänglichen Erfahrungen der Degradation oder Beraubung, wie sie etwa in die Gestalt und Haltung der alten »Krümelin« geradezu eingegraben sind. »Abgerackert und vermurrt« gehört schon zu ihrem Normalzustand, aber in dramatischen Momenten, etwa vor den Schaltern des Finanzamts, steht sie da »wie eine von Not und Elend zerschundene Menschenruine«, beim Holzhacken im wildesten Wetter agiert sie »wie eine zerzwirbelte Vogelscheuche«, und nach einem Streit mit ihrem Sohn, ihrem einzigen Lebensinhalt, heißt es: »Zertrümmert hockte die Krümelin da«.[10]

Hinter den akuten Gesten der Aggression und der Abwehr decken beide Künstler die Verhältnisse von struktureller Gewalt auf, die sie in die sozialen Beziehungen wie in das Triebleben der Menschen eingeschrieben finden.

Graf 1932: »Was immer du auch anfangen willst auf der Welt, ob du dich kraft eines bewußten oder unbewußten Rebellentums als verbissener Einzelgänger außerhalb der Gesellschaft zu stellen versuchst, ob du alle ihre gültigen Moralsätze mißachtest,

---

[10] Kalendergeschichten, S. 530.

ob du jede Ordnung und alle Gesetze der Staaten noch so sehr umgehst, ob du dich selbst mit Hilfe einer zurechtgedachten Philosophie von jeder Gemeinschaft lossagst und nun vermeinst, du seiest nur dir verantwortlich und ein völlig ungebundener, freier Mensch – unentrinnbar bist du dennoch dem Apparat der Zivilisation verhaftet. Jedes verbrauchte Streichholz, jedes gegessene Brot, das Trambahnbillett, die durchgelaufenen Schuhsohlen, der Knopf an deiner Jacke und Hose, kurzum alles, alles nur Erdenkbare hämmert dir von Atemzug zu Atemzug die Gewißheit ins Hirn, daß es kein Alleinsein gibt. Mit der Eintragung deines Namens in ein Geburtsregister beginnt deine Abhängigkeit vom Ganzen, und erst mit der Konstatierung deines Todes endet diese Gefangenschaft.«[11]

Beckmann 1946: »Soll man denn nie von dieser ewigen scheußlichen vegetativen Körperlichkeit los kommen. Sollen alle unsere Taten immer nur lächerliche Belanglosigkeiten im Verhältnis zum grenzenlosen Universum bleiben. – Eins ist uns wenigstens noch frei. Haß – Zorn und innerlichen Gehorsam aufkünden den widerwärtigen ewig unbekannten Gesetzen die über uns verhängt sind seit Endlosigkeit in namenloser schauerlicher Unfreiheit des Willens. – Nichts bleibt uns als Protest – Protest und Hochmut, des elenden Sklaven – die einzige innerliche Freiheit – und mit der zu leben ist. Grenzenlose Verachtung gegen die geilen Lockmittel, mit denen wir immer wieder an die Kandare des Lebens zurückgelockt werden.«[12]

Einmal (1937) malt Beckmann auch einen »Befreiten«, d. h. sich selbst als befreit – vielleicht müssen wir sagen: verschont, oder: davongekommen. Das Gitter liegt hinter ihm, vorn ist es mindestens hell, vielleicht ein freier Raum. Er selbst aber, wie er sich auf diesem Bild malt (R. 80), ist derart »gezeichnet«, verdunkelt, schraffiert und von dicken schwarzen Strichen durchfurcht, er verharrt auch so vor der dunklen vergitterten Höhlung, daß man an eine wirkungsvolle Befreiung nicht recht glauben kann.

---

[11] Einer gegen alle, S. 244 f.
[11] Tagebuch 1946, zitiert bei Fritz Erpel, Max Beckmann. Leben im Werk. Die Selbstbildnisse. Frankfurt/M., Olten, Wien 1986. Nr. 164.

4) Zweierbeziehungen, vor allem leibliche

Die Moderne, und die Postmoderne dazu, denkt beim Thema »Leiblichkeit« natürlich vor allem an Sexualität. Mit dieser Vermutung liegt man bei beiden Künstlern völlig richtig, nur daß sie statt der klinischen Bezeichnung »Sexualität« über viel humanere, umgänglichere Vokabeln verfügen. In Grafs Texten geht es um Attraktion, Zuneigung, Begehren, das er als »Drang«, selten auch als »Trieb«, häufiger als »Fleischeslust« o. dgl. bezeichnet. In Beckmanns Bildern wird eine breite Skala von Nähe, Entsprechung, Spannung und manchmal auch Gelöstheit ausgestaltet; bei beiden sind diese Spannungen und Vorgänge so gut wie nie frei von Gewaltsamkeit und Übergriffen, vor allem vom Trieb zu besitzen und festzuhalten. »Wunschlüstern, trunken, fleischesdürstend«, so sieht es Graf schon in einem frühen Gedicht von 1914 (»Knaben«). »Wie ein geplatzter Sack brach ich auf sie nieder«, schreibt er in seinem Bekenntnisbuch »Wir sind Gefangene«.[13] Im üppigen legeren Ton des »Bayrischen Dekameron« feiert der junge Autor geradezu die allgemeine Lieblingsbeschäftigung zwischen Menschen, zu der sich nur die meisten Menschen, damals noch, nicht bekennen mögen und zu der ihnen zumeist die rechten Worte fehlen, was der Erzähler mit besonderer Lust auskostet. Dabei wird jedoch auch das bornierte, egoistische, »stierige« Verhalten vor allem der Mannsbilder nicht geschont, und wenn einer einmal »kein Stier« sein will, macht er es womöglich noch schlimmer und wird als »Rindviehch« tituliert.[14] Beckmann malt die Beziehungen zwischen Mann und Frau womöglich noch üppiger, aber auch nicht weniger kritisch. In einem garstigen frühen Bild, »Adam und Eva« (1917; R. 16), wird das Verlangen geradezu denunziert. Hier wird der »Sündenfall«, anders als im Bibeltext, ganz mit der wechselseitigen Erkenntnis der Nacktheit und der sexuellen Zuwendung zueinander identifiziert. Eva bietet ihrem Adam statt des Apfels ihre Brust an. Adam wirkt wie verdutzt, überrumpelt. Die Schlange wird zum Wolf und steht bildlich ganz auf der Seite Evas.

---

[13] S. 258.
[14] Nach einem alten Lied. In: Dekameron, S. 105.

Reise auf dem Fisch, 1934, Privatbesitz USA; R. 70

Selbst die huldigenden oder feiernden bildlichen Inszenierungen der Liebesbeziehung sind bei Beckmann nie frei von starken Spannungen und Pressionen, s. etwa »Odysseus und Calypso« (1943), »Messingstadt« (1944), oder höchst aufdringlich-aggressiv: »Geschwister« (1933). In einer obszönen Zeichnung, die der Künstler mit dem übermütig-blasphemischen Titel »Meeting of the gods« geschmückt hat,[15] zielen zwei Messer oder Schwerter direkt auf

---

[15] 1949, abgebildet bei Erpel (wie Anm. 12). S. 214.

die Köpfe der beiden bildlich wie symbolisch stark aufeinander bezogenen und sonderbar in sich ruhenden Menschen. Die »Reise auf dem Fisch« (1934) gestaltet eine ebenso enge wie offenbar fatale Bindung. Der nackte männliche Körper mit dem völlig eingekesselten, der Sicht beraubten Kopf ist strikt gefesselt an »seinen« Fisch, während die weibliche Gestalt, halbnackt, gelöster auf dem Rücken des Mannes in einer Position zwischen beiden Fischen sitzt und lockerer, aber noch umfassender an ihn und seinen Fisch gebunden ist und dazu irgendwohin sieht. Sie hält seine Maske und er die ihre in der rechten Hand, beide sehen sie aber demonstrativ nicht an. Das schwarze Gelände, auf das die Fische sich in freiem Fall zubewegen, verheißt mindestens nichts Gutes.[16] Der Himmel, aus dem sie kommen, durchweg schwarz untermalt, wirkt schmutzig-ungemütlich, das Meer, das sie bei diesem Sturzflug verfehlen, etwas heller und womöglich einladender, und auf dem Meer liegt mit geschwelltem Segel ein Boot parat. Ob dieses sich als Fahrzeug zur Weiterreise anbietet oder als Nachen des Charon auf sie wartet, bleibt offen.[17] Aber wie durchweg bei bildlichen Darstellungen ist der gegenwärtige Moment bei weitem mächtiger, packender und auch überzeugender als alles, was die in Räumen oder Dingen, handgreiflich oder symbolisch, angedeutete künftige Entwicklung bringen mag. Die beiden Leiber, so unbequem-verdreht sie auch ins Bild gesetzt sind, wirken äußerst präsent und sehr stark aufeinander bezogen, nur eben in einer höchst spannungsvollen Beziehung. Zuwendung und Abkehr, Domination und Hinnahme, ja Hingabe, heftiger affektiver Bezug auf den anderen und Täuschung und Entsetzen oder Trauer darüber sind hier so dicht aneinander gerückt, ja verknäult, daß keinerlei saubere Trennung mehr denkbar scheint.

---

[16] Vgl. dazu die Untersuchung »Stürzende« von Jutta Held, in: Unruhe und Engagement ... Festschrift Walter Fähnders. Bielefeld 2004. Vor allem S. 276–84. Held zieht die Verbindung zu anderen »Abstürzenden« bis ins letzte Schaffensjahr 1950. Dem von ihr konstatierten »Fatalismus« Beckmanns wäre jedoch mindestens korrigierend sein unnachgiebiges Pochen auf Gegenwart, Erkenntnis und Selbstausprägung hinzuzufügen. Zu den lebensgeschichtlichen Hintergründen dieses Bildes vgl. die Monographie von Karin von Maur, Max Beckmann. Reise auf dem Fisch. Berlin 1992.
[17] So der Kommentar von Cornelia Stabenow zu diesem Bild (R. 70), wobei sie die zweite Deutung vorzieht.

5) Zusammenhalt und Vereinzelung

Der soziale Sinn ist eine starke Antriebskraft der bildnerischen Exploration der Menschen bei Beckmann und erst recht der epischen Erkundung von Existenzen und Gemeinschaften in Grafs Erzählungen. Wie in der gesamten Moderne aber, insbesondere seit dem Ersten Weltkrieg, ist das Miteinander nie einfach gegeben. Es kann nicht schlicht affirmiert werden, es wird schärfsten Zweifeln und einer unablässigen Infragestellung ausgesetzt. Wo noch herkömmliche, angeblich naturwüchsige Kollektive existieren, erweisen sie sich für die gewachsenen Ansprüche einer eher problematischen als selbstbewußten Individualität als hohl oder trügerisch. Wie unverbunden und wie melancholisch, durchweg mit sich selbst beschäftigt blicken etwa auf dem Münchner Bild »Vor dem Maskenball« (1922; R. 56) die Angehörigen einer erweiterten Familie vor sich hin! Den meisten der dort mitten im Aufbruch Festgehaltenen steht nun ein »gesellig« genanntes Vergnügen bevor, aber gerade etwas wie Geselligkeit kann sich zwischen diesen emotional und bildlich Separierten nicht einstellen.

Rugbyspieler, 1929, Duisburg; R. 56[18]

---

[18] Das Bild wird oft, auch in R., »Fußballspieler« genannt, aber sichtlich zu Unrecht.

Selbst wenn die Veranstaltung in vollem Gang ist, beim Spiel und Sport z. B., hier bei einem Rugbymatch, wirkt die verbildlichte, bildlich übersteigerte Kooperation von Leibern und Bewegung alles andere als einladend. Die Farben sind düster und fast monoton, mit kontrastreichem Wechsel von Schwarz, Blau, fahlem Violett und Weiß, mit etwas stumpfem Grün dazwischen, ohne jede Spur von Rot oder Gelb. Die Figuren haben etwas Maschinelles, nur Aufgezogenes an sich. Sie selbst ebenso wie ihre Veranstaltung erscheinen wie eine Verkörperung der Lenkung von außen. Gerade der Spieler, der am intensivsten den anderen zugewandt ist, links unten mit erhobenem Arm, sieht aus wie von sporadischem Irrsinn ergriffen. Der einzige Zuschauer, rechts, steht mit beiden Beinen in ein Stahlgerüst eingezwängt. Bei Graf ist die gemeinsame Bewegung und Zusammengehörigkeit positiver akzentuiert, jedenfalls in den gelungensten Texten seiner mittleren Phase, vor der »eisigen Einsamkeit« seines Alters. Das »Zusammenhelfen« spielt als Zielsetzung, als Verheißung, hie und da auch als Ideologie eine beträchtliche Rolle. »Leblustig« und »in der richtigen Vollebigkeit« heißt es von der Wirtschaft des einen Bauern, der den Tod schon verschmeckt hat (als Scheintoter) und der deshalb weiß, was er am Leben hat. »Eine Art frischer Friede« kam ins Haus, »Grad war es, als verspürten alle eine richtigere Zusammengehörigkeit« (»Das Gelübde«).[19] Aber schon der Komparativ zusammen mit dem Konjunktiv in diesem Satz kann uns warnen: So mustergültig wird die dörfliche und häusliche Gemeinschaft hier nur herausgestellt, um die Einbruchstelle für den totalen Ruin zu bezeichnen. Der wieder auferstandene Bauer wird sonderbar, unzugänglich, ein Extremist. Er läßt sich von der Dorfgemeinschaft nur noch reizen, nicht mehr beschwichtigen und zurechtrücken. Unerreichbar für jedes vernünftige Zureden rennt er sehenden Auges in seinen Tod. Und in weniger extremen Geschichten beglaubigt sich die schönste Einträchtigkeit auf dem Lande, also die Wirtshausseligkeit, erst in einer zünftigen Rauferei, die dann keinen heilen Fleck mehr am Leibe läßt.

Das Soziale, also die Frage nach Verträglichkeit, Gemeinsamkeit, Produktivität oder gar nach Glück behandeln beide Autoren als etwas gar nicht Gegebenes, sondern mühsam Herzustellen-

---

[19] Kalendergeschichten, I/32 ff.

des, ein Desiderat. Mitleid ist eine treibende Kraft ihrer beider höchst unterschiedlicher Œuvres. Ihr Mitleid aber erschöpft sich nie in purem Sentiment. Es geht aufs Ganze. Es überfordert die Herausgeforderten, und zwar so sehr, daß auch die mitleidige Stimme selbst Schmerzenslaute von sich gibt. »Wir müssen teilnehmen an dem ganzen Elend, das kommen wird«, schrieb Beckmann in seiner »schöpferischen Konfession« im letzten Kriegsjahr. »Unser Herz und unsere Nerven müssen wir preisgeben dem schaurigen Schmerzengeschrei der armen getäuschten Menschen«. Und Graf macht sich gegen Ende seiner Autobiographie an den abgeführten Kämpfern der Räterepublik klar, wie wenig die in seiner Zeit real existierende Gesellschaft Platz für die Interessen der »armen Hunde«, seiner »Brüder«, läßt:

»Überall zogen lange Reihen verhafteter, zerschundener, blutiggeschlagener Arbeiter mit hochgehaltenen Armen. Seitlich, hinten und vorne marschierten Soldaten, brüllten, wenn ein erlahmter Arm niedersinken wollte, stießen mit Gewehrkolben in die Rippen, schlugen mit Fäusten auf die Zitternden ein. Ich wollte aufschreien, biß aber nur die Zähne fest aufeinander und schluckte. Das Weinen stand mir hinter den Augen. Ich fing manchen Blick auf und brach fast um, sammelte mich wieder und sah einem anderen Verhafteten ins Auge.

Das sind alle meine Brüder, dachte ich zerknirscht, man hat sie zur Welt gebracht, großgeprügelt, hinausgeschmissen, sie sind zu einem Meister gekommen, das Prügeln ging weiter, als Gesellen hat man sie ausgenützt und schließlich sind sie Soldaten geworden und haben für die gekämpft, die sie prügelten. – Und jetzt?

Sie sind alle Hunde gewesen wie ich, haben ihr Leben lang kuschen und sich ducken müssen, und jetzt, weil sie beißen wollten, schlägt man sie tot.

Wir sind Gefangene!« – [20]

6) Bewegung, Entwicklung, Geschichte

Daß in Grafs Geschichten alles voll von Bewegung ist und daß seine Prosa von den ersten nachexpressionistischen Texten bis

---

[20] Wir sind Gefangene, S. 500 f.

zu seinen letzten erfüllt ist von Geschichte, von erlittener, aber literarisch auf den Punkt gebrachter, zu Protest gegebener Geschichte, das brauche ich vor einem Publikum von Graf-Kennern nicht groß zu betonen. Auffällig aber ist, wie durchgängig und nuancenreich Beckmann seine Kunst, die auf dauernde Präsenz alles Sichtbaren eingeschworene Malkunst, in Bewegung versetzt und immer wieder historisch datiert. Viele hokken oder schweben in gänzlich instabilen Posituren oder stehen auf Füßen, die nicht bis zum Boden reichen, oder werden ohne Füße gemalt. Ein Akrobat auf der Schaukel etwa (1940):[21] Die Darstellung suggeriert uns bis in die Nervenbahnen hinein, daß alles an ihm wach ist und auf den nächsten Flug oder Sprung lauert. Andere Figuren stehen oder ruhen in undefinierbar dynamischen Posen, manche wie bei Chagall, aber nicht so geistig-symbolisch, sondern mit mehr Bezug zum Raum, so scheint es mir jedenfalls. Selbst wenn sie lagern oder ruhen, tun sie das muskulär oder gedanklich angestrengt; es muß ziemlich unbequem sein, so dazuliegen.

Seit den letzten Kriegsjahren und noch einmal verschärft von 1933 an sind diese Bewegungen auch nicht auf die bloße Regsamkeit von Muskeln oder Blicken beschränkt. Es werden suchende Bewegungen oder Bewegungen auf ein Ziel zu, auch wenn wir als Betrachter keines erkennen können, oder vorweggenommene Fortbewegungen wie Aufbruch und Abfahrt. Das erste der großen Triptychen stellt eine »Abfahrt« in den Mittelpunkt (1932–33), das letzte, ein paar Tage vor Beckmanns Tod vollendet, die »Argonauten«, und dazwischen gibt es vielerlei Boote, Segler, auch Autos oder mehrfach einen Absturz ohne jedes Fahrzeug.

Auch die Fahrten, Schwünge und Stürze dürfen wir noch nicht für sich allein nehmen, sondern sie werden erst zu ganzen Bildern mit den Hemmnissen, den Fesseln und Qualen, von denen diese Tafeln zentral oder in markanten Details erfüllt sind. Eben diese Spannung macht die von der miterlebten Geschichte geprägte Existenz aus, und diese sucht Beckmann zum Ausdruck

---

[21] Abbildung bei Erpel (wie Anm. 12), Nr. 177, mit dem Vermerk: »Kein Selbstbildnis«.

zu bringen. In einem Gespräch über sein erstes Triptychon, eben die »Abfahrt«, machte er mit ebenso viel Bitterkeit wie Verdutztheit klar, daß er nicht einfach den leuchtenden, bei seinen Abnehmern begehrten Mittelteil für sich verkaufen konnte – dieser gehört nun mal mit den düsteren Seitentafeln zusammen. Die Geschichte ist in den Leibern, in ihren Verwundungen und Narben, in der Einschränkung ihrer Bewegung präsent, und sie wird durch zusätzliche Bildzeichen oder auch durch die Titel in Erinnerung gerufen. Ein großes, raumfüllendes Aquarell zeigt den »Raub der Europa«, 1933 (R. 179). Die Titelfigur liegt als halbnackter Frauenkörper auf einem urtümlich verwegenen, kraftstrotzenden Stier, und bei diesem Ritt vom Meer bis zum Ufer bleibt ihr nichts übrig, als sich an eben diese Bestie zu schmiegen. Der Kommentar dazu (in dem repräsentativen Ausstellungskatalog von 1984, R.) hebt die Gewalttätigkeit und die erotische Ambivalenz hervor, ganz fachmännisch: »der sanfte und mächtige Bogen des Frauenkörpers korrespondiert mit dem wild emporgereckten Kopf des Stieres«. Es fehlt nur jedes Wort zum Datum: 1933, und zum aktuellen Bezug des dargestellten »Raubs«, und zwar von »Europa«. Aber auch ohne Mythologie und ohne ein symbolisches Datum sind die Bilder genau in der Geschichte verortet. Das Exil und die Haltung zum Exil, die innere Verunsicherung ist auf dem abgebildeten »Doppelbildnis« von 1941 bis in die Körperhaltung zu spüren. Der hier vorsichtig, fast tappend voranschreitet, geleitet oder fast dirigiert von seiner offenbar kompetenteren Frau, ist ein sichtlich aus der Bahn geworfener Mensch. Gestoppt oder ausgebremst wirkt er, mißplatziert auf diesem wirren Boden, in sich zurückgenommen. Selbst die demonstrative Geste aus der Frühzeit, die in früheren Bildern mindestens dreimal auf etwas aufmerksam gemacht hat, die lang herunterhängende rechte Hand (u. a. bei einem vom Kreuz abgenommenen Christus, 1917), wird hier wieder aufgenommen. Nur ist sie jetzt nicht mehr bedeutsam-leer, sondern hält den Hut, und im Hut steht der fast absurde Name »London« – vielleicht eine Anspielung darauf, daß man den nicht mehr sicheren Exilort verlegen müßte, vielleicht schon die Absage an eine solche Fortsetzung der Flucht, doch hämischerweise bezeichnet der Name hier nichts als die Firma, von der dieser Hut stammt.

7) Theater und Doppelbödigkeit

Clowns, Zirkusleute, Akrobaten, Schauspieler bevölkern die Bilder Beckmanns, und auch die Alltagsszenen sind bestückt mit Theaterrequisiten, mit Masken, kindlichen Musikinstrumenten, Kulissen und allerlei Draperien. Jede Person kann zur »persona« im Sinne der antiken Spielvorschrift werden, aber immer bleibt ungewiß, was da durch sie »hindurchtönt«. Sogar die natürlich gewachsene Haut kann als Maske behandelt werden; aber dieses künstlich-natürliche Gebilde ist dann die Sache selbst, um die es in Beckmanns Bildern geht. Er wäre wahrscheinlich mit Brecht ganz einverstanden gewesen, der forderte, beim Arzt sollten die Kleider nicht abgelegt, sondern mit in die Untersuchung einbezogen werden, nämlich wegen ihrer sozialen, hygienischen usw. Signifikanz. Zusammen mit dem Spiel, das die Menschen miteinander treiben, kommt bei Beckmann auch immer der Trug oder Schabernack ins Bild, dem sie ausgesetzt sind, nicht ganz so erschreckend wie bei Kafka, aber ebenfalls mit Verweis auf die ganze Gesellschaft und auf den immer drohenden Umschlag von Spiel in Ernst. Konzentriert tauchen die Aggressionen und Bedrohungen des Kriegsendes sowie der verdutzten, düpierten Zeit danach in einem Zyklus von Lithographien mit dem Titel »Die Hölle« auf (1919; R. 247–258). Der Künstler erfaßt sie in schreckhaften oder grotesken Verzerrungen, und auf das Titelblatt montiert er seinen eigenen Kopf. Er selber sieht skeptisch drein, vielleicht verängstigt, ein wenig wie ein Clown, aber das mildert nicht den Zugang zu diesem höllischen Konvolut, sondern macht ihn nur noch anzüglicher.

Beckmann hat sich immer wieder in Kostüme aller Art gesteckt, sei es allein oder neben anderen, manchmal zusammen mit seiner Quappi. Selbst banale Kleidungsstücke wie z. B. Kopfbedeckungen, von schwarzen Mützen und Badekappen bis zum Zylinder wirken wegen der unaufhörlichen Variation wie Verkleidungen. Mitunter verweisen sie auf fatale Zugehörigkeiten wie der Helm oder auf erdachte, spielerisch angenommene Bedeutsamkeiten wie die Krone. Selbst in explizit karnevalesken Veranstaltungen kann seine Gestalt oder das, was er von ihr übrigläßt, wie verloren wirken. In einem Fastnachtsbild von 1925 (R. S. 22) macht er sich geradezu zu einem Paket, einem Anhängsel der aufbruchsbereiten Quappi, und just in dieser denkbar unbequemsten Haltung kommt er, wenigstens für den Moment des Arrangements zum Bild, zur Ruhe.

Bei Graf gibt es wenig oder nur ungelenkes Rollenspiel und so gut wie nie eine gelungene Täuschung. Zwar hat das normale zünftige Gehabe etwas Gespreiztes, Theatralisches, etwa das gewohnte Raufen der Bauern oder ihre ungewohnten Bewegungen und Reden, wenn sie ins Balzen verfallen. Zwar ist auch der Exhibitionismus von Grafs doch sehr bekenntnishaften Schriften nie frei von Theater, und auch die bewußte Übernahme der Sprache der Städter, der Intellektuellen, für Vorgänge auf dem Lande wirkt oft wie eine Verkleidung, etwa »Schmeicheleien in Bezug auf ihr schönes Gewachsensein«[22] oder: »Das reinste Gift kochte zuletzt im Steinbeißer seiner Inwendigkeit«.[23] Doch es gibt hinter dem so sonderbar Akzentuierten nicht noch

Doppelportrait mit Quappi, 1941, Amsterdam; R. 95

[22] Dekameron, S. 56.
[23] Dekameron, S. 181.

ein anderes Verhalten, keine andere Façon der Personen. Wie sie auftreten und posieren, so sind sie, ein anderes Gehabe haben sie nicht gelernt. Wenn der Schmalzerhans als Auftakt der nach ihm benannten Geschichte (in »Kalendergeschichten«) seinen Auftritt bekommt: »Seht, da kommt der Schmalzerhans! Ah, der Schmalzerhans (...)«, dann ist das kein vom ihm und für irgendjemanden veranstaltetes Theater, sondern allenfalls das normale, unvermeidliche Theater, aus dem das ganze Leben in einer rundum determinierten Sozietät besteht.

Frau mit Mandoline in Gelb und Rot, 1950, München; R. 128

Das Ineinander von Rolle und Selbstsein, Präsentation und Abweisung, wie es Beckmann in seinen späten Bildern etwa von der »Versuchung« an oder seit dem großen Bild »Der König« erreicht (beide um 1937), läßt sich ganz gut an dem Münchner, ebenfalls großen Gemälde »Frau mit Mandoline« studieren. Die Frau ist doppelt eingerahmt und zur Schau gestellt: durch das rote Sitzmöbel, das ihr selbst im Liegen eine ungewöhnlich steile Stellung abverlangt, und durch die weiche, schmeichelnd wirkende gelbe Decke darauf. Wie sie gekleidet ist und liegt, gehorcht sie allen Interessen der Männerphantasien, und in der Tat sind die Interessenten, mindestens drei Männerköpfe, als Strichmännchen in der grünen Wand über dem Sofa angedeutet. Sie hat überdies ein aggressiv wirkendes Instrument auf dem Schoß, dessen langer Hals nach ihrem Kopf züngelt – der Kommentar des genannten repräsentativen Bandes (R. 128) sieht darin einen Überrest der anfänglichen Idee, eine Leda mit Schwan zu gestalten. Aber das Gesicht ist verschlossen, es wirkt abweisend oder mindestens ruhig. Unter dem Eindruck dieser augenlosen Miene läßt sich die ausgestellte Körperpracht noch anders lesen: Aller Begehrlichkeit zum Trotz, die der Körper vielleicht ausstrahlt oder zündet, gehört er doch ihr, der Schlafenden oder desinteressierten Person. Zwischen Darbietung und Verweigerung spielt eine starke Spannung. Man kann nicht sicher ausmachen, welche Seite eigentlich Schein oder Spiel, welche die Wahrheit sein soll. Eben in diese Unentscheidbarkeit mündet der späte, feinere Gebrauch der Theatralik in Beckmanns Œuvre.

8) Das liebe Ich als Beispiel und Stellvertreter

Das wichtigste Demonstrationsobjekt, um Menschen in allen Schwächen ihrer Leiblichkeit und allen Torheiten ihrer Lebensentscheidungen zu zeigen, ist bei beiden Künstlern ihr eigener Leib und Kopf, ist die Instanz, die »ich« sagt und alles Gemalte und Geschriebene beglaubigen soll. In beider Werk spielte das Selbstporträt bzw. die Autobiographie eine ebenso ausgedehnte wie prägnante Rolle. Überdies experimentieren beide mit der Zuteilung der Ich-Instanz an beliebige fremde Existenzen und erkennen sich oder Teile von sich selbst in den fremdartigsten Verhaltensweisen oder Umgebungen. Selbst über einen ausgemacht widerwärtigen Patron wie Anton Sittinger, ein literarisches Konzentrat des Opportunismus, reicht es nicht zu sagen, daß es sie in allen Ländern zu Abertausenden gibt. Der Erzähler muß den Finger auf die Wunde legen: »In manchen Zeiten heißen sie ›du‹ und ›ich‹«.[24]

Fritz Erpel hat sich ein Vergnügen daraus gemacht, die Selbstbildnisse Beckmanns in einem Band zu versammeln (1985). Er kam auf 84, die ausdrücklich so deklariert sind. Darüber hinaus

---

[24] So im 15. Kapitel und im Motto des Romans »Anton Sittinger«.

findet er überall noch versteckte, heimliche und Teilselbstbildnisse, nochmals 215, und dieser Sport läßt sich natürlich noch weiter ausdehnen. Die Konzentration auf die eigene Gestalt und das eigene Gesicht zieht sich durch von 1901 (da war der stolze Künstler 17) bis zu seinem Tod 1950. Im Vordergrund steht der schroff analytische, explorierende Blick auf diese Gesichtslandschaft, in den zwanziger bis dreißiger und noch einmal in den letzten Jahren auch ein gewisser Stolz auf sich, ein manchmal grimmiger Stolz. Aber daneben oder darunter gibt es ein fulminantes Spiel der Selbstverhöhnung, Degradierung und der Abrichtung zu seinem eigenen Spürhund oder Spion (auch dicht am Voyeur). Beckmann karikiert sich gnadenlos, malt sich lachend, grimassierend, mit aufgerissenem Mund, mit gesenkten Lidern, was ihn ausgesprochen blöd erscheinen läßt (R. 239), mit gefalteten Händen, mit geschwärztem Gesicht oder ohne Augen, mit dem Kopf unterm Arm, als Sitzmöbel für eine kriegerische weibliche Gestalt (vermutlich Medea) auf seinem letzten Triptychon »Argonauten«. Mal gibt er Christus seine Züge, mal dem Pilatus in strengem Kontrast zu Christus. Den ungemein weiten und genauen Blick verrät schon ein Selbstporträt von 1910, in dem er sich aber zugleich selbst karikiert, indem er den Hut beim Malen aufläßt und sich Pinsel in beide Hände steckt.[25] In seinen großen späteren Selbstporträts hat er in vielen Variationen an der immer genaueren Erfassung der Person hinter seinen Augen oder in seinem aktiv ausgeübten Blick gearbeitet.

Graf hat im Laufe seines Lebens fünf regelrechte autobiographische Schriften ausgearbeitet sowie sieben, in denen er sein Ich fiktionalisiert und verkleidet. In seinen Gedichten taucht er häufig in der Ichform auf oder arbeitet mit einem allgemeinen, doch aus seinen eigenen Erfahrungen beglaubigten Ich. Die Fetzen fliegen, wenn er sich mit seinem jugendlichen, gutgläubigen, draufgängerischen Ich auseinandersetzt. »Am liebsten hätte ich mich anspeien, verprügeln mögen, den Schädel einrennen.«[26] Er fühlte sich offenbar immer neu herausgefordert, die Schäbigkeit seines Charakters aufzudecken und dann wieder die Aufrichtig-

---

[25] Abgebildet bei Erpel, Nr. 20. (Das Bild ist 1944 in München verbrannt).
[26] Wir sind Gefangene, S. 70.

keit seiner Darstellung anzuzweifeln, also wieder eine andere, vielleicht noch tiefere Schicht von versteckten Bosheiten oder Verlogenheiten bloßzustellen. Wenn wir Sloterdijks Analyse von »Wir sind Gefangene« aufschlagen, können wir erkennen, woran es gelegen haben mag. Sloterdijk sieht hier »Erfahrungen von Zweideutigkeit, Doppelmoral, Unentscheidbarkeit von Problemen« behandelt, »Erfahrungen mit dem Widerspruch, mit dem Konflikt, mit der Unordnung, mit der Abweichung, der Lüge, der Ideologie«, also lauter Hindernisse für einen geradlinigen, sieghaften Zugang zur Welt, wie der junge Oskar ihn von den einfachen heimischen Verhältnissen aus erwartet hatte.[27] »Leicht idiotisch, tief humoristisch« nennt Thomas Mann dieses Bekenntnisbuch.

Hat der »Tollpatsch« in seinen Geschichten über sich selbst und hat das Rundgesicht in der scharfen malerischen Auseinandersetzung mit sich selbst schließlich Frieden mit sich geschlossen? Hildegard Zenser liest aus der Entwicklung von Beckmanns Selbstporträts etwas wie »Selbstbehauptung und Selbstbefreiung« heraus.[28] Ich möchte das bezweifeln; ich finde auch die Zuschreibung einer stoischen Beruhigung oder Aussöhnung mit sich selbst (aufgrund einiger persönlicher Äußerungen, die so klingen) nicht überzeugend. Es ging Beckmann nicht darum, einen sicheren Kern seiner Persönlichkeit herauszupräparieren und bestehen zu lassen. Er malt so etwas wie eine grimmige, zupackende, ätzende Melancholie, und darin trifft er sich ziemlich genau mit der schneidenden und grantelnden Selbstunzufriedenheit des späten Oskar Maria. In diesem späten Münchner Selbstbildnis in Schwarz hat Beckmann einen Zustand der Desillusionierung, der Reduktion und inneren Entblößung gemalt, unterstrichen durch Weglassen seiner Haare (über die er als lebende Person immerhin noch verfügte), durch Weglassen der Zigarette aus den zum Rauchen erhobenen Fingern und durch Ausdünnung des Hintergrunds bis zu einem nur ganz leicht kolorierten Weiß. Das weiße Licht scharf von links löscht die Körperfarben aus.

---

[27] P. Sloterdijk, Literatur und Organisation von Lebenserfahrungen. 1978. S. 113.
[28] R. S. 67 f.

Selbstbildnis in Schwarz, 1943/44, München; R. 101

Auf der rechten Hand liegt es wie eine dicke weiße Paste. Statt der Materie dominieren auch bei dem »Materialisten« Beckmann die Taten und Leiden des Lichts. Vier Säle weiter hängt ein ebenfalls starkes und machtvolles, höchst repräsentatives Selbstporträt – von Otto Müller (von 1919). Darauf ist alles Programm, fast Proklamation. Hier bei Beckmann ist fast alles Problem. Es herrscht eine ungemein kraftvolle, mühsam gebändigte innere Bewegung, die selbst die äußere oder innere Starre durchdringt und zum Vibrieren bringt. Beckmann hatte einen sehr hohen Begriff von dem »Selbst«, zu dem Menschen sich ausbilden sollen,[29] aber er war nie in Einklang mit demjenigen Selbst, das er geworden war. Gerade wenn er es trotzig gegen jede Anpassung oder Preisgabe kehrt, tut er das mit einem malerischen oder auch verbalen Überschwang, als müsse er ein ganzes Welttheater aufbauen, um auf ihm sein »Recht« zu erstreiten. Aus einem Brief von 1940: »Ich habe mich mein ganzes Leben bemüht eine Art ›Selbst‹ zu werden. Und davon werde ich nicht abgehen und es soll keine Winseln um Gnade und Erbarmen geben und sollte ich in aller Ewigkeit in Flammen braten. Auch ich habe ein Recht.«[30] In dieser Schlußwendung reagierte er merklich anders

---

[29] »Eisigen Hochmut« schreibt Erpel diesem Porträt zu (bei ihm Nr. 195).
[30] Abgedruckt auf dem Rückencover von Erpels Monographie.

als Graf, der immer eher von sich abgeraten, als für sich geworben hat.

Vor allem aber ist er Maler, Kreator, hingegeben an die Aufgabe, die Welt der Leiber und Köpfe aus Öl und Pigmenten neu zusammenzufügen und sie dabei zum Sprechen zu bringen. Eine ungeheure Konzentration spricht aus seinem Blick auf den Selbstporträts von 1945 bis 1948. Offenbar geht es in der künstlerischen Arbeit immer um noch mehr als die künstlerische Arbeit allein: um ein Beißen an den härtesten Nüssen der Erkenntnis, der Selbstbestimmung und Selbstpositionierung, an den Härten und Tücken der Welt selbst und ihres Zusammenhangs, hier auch am Versuch einer Neubestimmung nach einem endlich beendeten bestialischen Krieg.

9) Abstand, Verweis, Uneigentlichkeit

Die Leiber selbst sagen immer mehr, als daß sie nur da sind und so sind. Ihre Darstellung in Bildern oder Worten kommt fast nie ohne Verweise, Deutungen und Zuschreibungen aus. Bei den häufigen Übertreibungen, bei den verzerrten Gliedern und Mienen kommt man kaum umhin zu fragen, was das »bedeuten« soll. Die theatralische Inszenierung der Körper, unterstützt durch die häufigen Embleme und Requisiten, spielt ständig mit der Einblendung von Sinnbezügen, die dann aber wieder changieren, jedenfalls sich nicht einfach greifen lassen. Jedes dargestellte Ding ist das Dargestellte und ist es auch wieder nicht, kann es gar nicht sein, und erst recht gilt das von betrachteten und bildlich oder in Worten festgehaltenen Gestalten, und nochmals besonders zugespitzt von der gespiegelten und in der Außenwelt greifbar gemachten Gestalt des eigenen Ich. Einen »luciden Somnambulismus« hat ein Kunsthistoriker (Dedier Ottinger) anhand einer Pariser Ausstellung von 2002 in Beckmanns Bildern herausgearbeitet.

In den Bildern und Texten aus der Zeit des Ersten Weltkriegs und den ersten Jahren danach dominiert bei beiden Künstlern ein polemischer, scharf kritischer Umgang mit den Erscheinungen der Gesellschaft, mit Militärs und Kriegsgewinnlern, mit der Vergnügungsindustrie und mit sich selbst, die manches von diesen Vergnügungen oder Bestechungen mitmachen. Auch die Kritik beschränkt sich nicht oder nur selten aufs Anprangern. In einem Selbstbildnis mit Sektglas von 1919 (R. 22) erscheint der lachende Lebemann im Frack im Hintergrund nur als Fratze, als Vokabel einer gängigen Verurteilung; er könnte aus George Grosz' Pinsel stammen. Aber er bildet hier nur die Staffage für eine Auseinandersetzung mit sich selbst. Sich selbst als Teilnehmer einer offenbar widerwärtig-attraktiven Lustbarkeit denunziert der Maler nicht oder nicht nur, sondern sich selbst befragt und durchleuchtet er bis auf den Grund, bis vom Hochgefühl des schäumenden Sektglases so gut wie nichts mehr übrig bleibt: diese eingezwängte Haltung, der krampfige Griff der linken Hand, die geradezu abgehauene, auf sich zurückverweisende Rechte, das Gesicht, in dem Einsicht und Grinsen miteinander kämpfen, und der Schädel insgesamt, in dem sich die Ahnung eines Totenschädels aufdrängt. »Denn uns ist krankes Fremdsein eingepflanzt von Jugend auf!« schreibt Oskar Maria in einem Gedicht aus dem gleichen Jahr (»Joch«). Die wüste Phase der Gelage in der Nymphenburger Villa des reichen Holländers wird im Ton der schroffen Selbstverurteilung wiedergegeben, und doch besteht der jugendliche und noch der alternde Autor darauf, daß er das alles selbst mitgemacht und selbst mit sich hat machen lassen.

Insbesondere in den frühen Bildern Beckmanns bis 1922/23 ist fast alles entstellt, oft beschädigt, nicht selten auch komisch und doch beunruhigend, tief verwirrend. Ähnlich wirken die frühen Schriften von Graf, ehe er seine Form der zusammenhängenden Erzählung entwickelt hat. Wie die Menschen beim Lachen außer sich geraten, haben beide Künstler mit je ihren Mitteln in den verschiedensten Konstellationen dargestellt. Graf beschreibt, wie er in der militärischen Ausbildung nicht aus dem Lachen herauskommt über den zuständigen Unteroffizier, ein pralles Männchen, rund, elastisch und obendrein im Zivilstand »Ornithologe« (Vogelhändler). Je mehr der Gewaltige droht und tobt über die Insubordination des Rekruten Graf, desto mehr schüttet dieser sich aus vor Lachen. Dann fällt ihm noch »das bekannte Fröscheprallen« aus seiner Kinderzeit ein, und er kommt gar nicht mehr zu sich. Der andere ist in zwiefacher Hinsicht aus der Façon geraten, und darüber verliert der Rekrut

Oskar Graf sämtliche Fassung und krümmt sich am Schluß auf dem Boden, selbst dabei noch mit der grüßenden Hand an der Schläfe.³¹ Eine andere Durchbrechung der geschlossenen, aufs Gegebene beschränkten Existenz liegt in der Gestikulation der Figuren. In einer Zeichnung von 1921 ist der Raum erfüllt von lauter zeigenden Gesten, aber nirgends läßt sich ausmachen, worauf gezeigt wird. Dementsprechend hat Beckmann das Blatt betitelt mit »Hier ist Geist«, ein auffälliger Akzent im Œuvre eines dermaßen sinnlichen und das Sichtbare feiernden Künstlers.

Schon in seiner Malerei vor 1914 stellt Beckmann die Leiblichkeit ebenso in Frage wie er sie zur Geltung bringt. Er läßt sie sich vordrängen, wo sie nicht hingehört, z. B. in den nackten Gestalten der »Großen Sterbeszene« in München (1906; R. 5), die außerdem wild verrenkt und verzerrt sind (sehr anders als die gleichzeitig gemalte »Kleine Sterbeszene« in Berlin, die Figuren im obligaten Schwarz zeigt). Hier drücken die Körperflächen, jede in einem anderen Farbton gehalten, offensichtlich mehr aus als sie bildlich darstellen, und hier ist durch das Thema der Szene einmal ungefähr festgelegt, was sie ausdrücken. Anderswo sind es Zustände des unverbundenen Nebeneinanders, des Fremdseins oder der Befremdung, direkt unheimlich in einer Radierung von 1922, »In der Trambahn«,³² wo drei Figuren in höchst unterschiedlichen Posen nebeneinander sitzen und keine Notiz voneinander nehmen, die mittlere aber, frontal nach vorn gekehrt und mit Hut, hat statt der Nase eine dicke lose Binde quer durch das Gesicht gespannt, geradezu ein Alarmzeichen in einer sonst höchst alltäglichen Umgebung. Ein »Stilleben mit Plastik« montiert den schwarzen Kopf, den Beckmann als Skulpteur gerade von sich gefertigt hatte, in einer rosa Schale mit ganz ätherischen Blumen,³³ und in dem großen länglichen Bild von 1946, »Atelier« oder auch »Olympia«, wird ein ausgestrecktes langhaarig-blondes Modell konfrontiert mit einer dunklen, fremdartigen Büste in Erz oder Ton (R. 109).

---

[31] Vgl. Wir sind Gefangene, S. 146 f.
[32] Erpel Nr. 104; kleiner reproduziert auch in R. 283.
[33] Erpel, Nr. 156.

Zwei Frauen, 1940, Köln; aus Stephan Kaiser: Max Beckmann. S. 115

In Beckmanns späten Mehrfigurenbildern und seinen Triptychen tritt an die Stelle der Kritik oder der Drohung die potenzierte Verrätselung, gewissermaßen als Kritik an jeder Einlinigkeit und Einsinnigkeit im Bezug zur sichtbaren Welt. Im Kommentar zu diesem Gemälde von 1940, »Zwei Frauen«, spricht Günter Busch von einem »Doppelsinn und Hintersinn« von

Beckmanns Weltsicht, ja von einer »hieratischen Entrückung« der weiblichen Hauptfiguren.[34] Gegen die Gitter und Fesseln auf den früheren Bildern konnte man sich innerlich zur Wehr setzen, konnte sie sich wegdenken oder sich gesellschaftliche Verhältnisse ausdenken, die ohne sie auskommen würden. Hier dagegen gehört das Gitter zu der einen der beiden Frauen, die Einrahmung und scharfe Schraffierung zu der anderen – nur durch diese verriegelnden oder verschachtelnden Arrangements kommen sie überhaupt zur Erscheinung. Wieder ist ein schwarzer Kopf vor ihnen postiert, in dem die Ikonographen den Schädel des Malers selbst erkennen wollen. Schwarz als die seit der Renaissance meisterliche, evtl. richterliche Farbe wird in diesem Gemälde so üppig eingesetzt, daß es die kräftig bunten Farben zum Leuchten bringt und doch zurückdrängt, parzelliert. Über »die Farbe Schwarz« in Beckmanns Malerei gibt es inzwischen eine ganze Monographie.[35] Sie deutet diese bei Beckmann auffallend mächtige Farbe als ein Signum der Moderne (zweifellos), der Indifferenz (das glaube ich ihr nicht) und der Abstraktion. Distanzieren und Abstrahieren ist in der Tat ein Prozeß, der die Entwicklung seiner Malerei kennzeichnet. Auf der Seite von Grafs Werk entspricht dem eine gewisse Ätherisierung von Motiven, die er anfangs mit höchster Drastik ins Bild gesetzt hatte. Daß er in seinen letzten Jahren am liebsten Gedichte vorlas, und zwar viel mehr von den guten alten als von seinen eigenen früheren, am liebsten Mörike, das spricht für eine zunehmende Distanz von sich selbst, von einer disziplinierten und indirekten, wenn auch nach wie vor leidenschaftlichen Beschäftigung mit den Problemen seiner Zeit. An die Stelle der anklagenden Gesamtaussage »Wir sind Gefangene« tritt im Alter seine neue Formel »Gelächter von außen«. Sie knüpft an an die Lachlust von einst, an den hintergründigen, oft boshaften Humor seiner stärksten Geschichten und an die Unverfrorenheit, mit der er oder sein dichterisches Ich einfach losgelacht, den Menschen ins Gesicht gelacht hat: wie »einer, dem nichts, aber auch gar nichts

---

[34] Er nennt diesen Hintersinn freilich »aufs Äußerste reduziert«, was weniger einleuchtet. In: G. Busch, Max Beckmann. Eine Einführung. Frankfurt/M., Wien, Zürich 1962. S. 66.
[35] Ortrud Wertheider, 1995.

mehr heilig ist«. Aber sie streicht die Überlegenheit und Anmaßung des einen respektlosen Flegels gegenüber den anderen. Das »Hohnlachen aus dem Unsichtbaren«, das er manchmal zu vernehmen glaubt, setzt schlechterdings alles der Anfechtung aus, es könnte viel weniger prächtig und sicher sein als behauptet, ja es könnte vielleicht nicht einmal funktionieren, keinen Bestand haben. Die Abstraktion hat eine energisch beraubende, verunsichernde Wirkung. Aber sie übt eine entschiedene Kraft aus, stärker oder mindestens dauerhafter als die einfache Klage, das direkte Mitleid oder die geradlinige Kritik. Sie hält die Bilder und Geschichten modern. Sie trägt dazu bei, daß wir diese, die Produkte einer schon etwas zurückliegenden und hoch brisanten Zeit, heute noch mit nicht nachlassender Faszination betrachten und hören oder lesen.

Oskar Maria Graf
Heinrich Maria Davringhausen

Unter allen jenen Malern, die nach Überwindung ihrer expressionistischen Sturmjahre, in die geruhigeren Bezirke einer neuen Sachlichkeit einmündeten, ist dieser junge Aachener einer der interessantesten und rätselhaftesten. In seinen Schöpfungen wirken allerjüngste Tradition und betonte Intellektualität; sein ganzes künstlerisches Streben hat etwas unnachgiebig Selbstwilliges und stellt sich bewußt, mit nie verkennbarer Eindeutigkeit gegen die momentane »Richtung« der Nach-Expressionisten. Man darf – wenn man diese Behauptung ausspricht – nie vergessen, daß dieser Maler von Anfang an, und im Gegensatz zur Aufgelöstheit der Expressionisten, auf eine betonte formale Gegenständlichkeit hinzielte. Es gibt selbst in seinen allerfrühesten Bildern Gestalten, Landstriche und Gesichter, die mit einer fast naturalistischen Pedanterie durchgeführt sind, die geradezu herausbrechen aus ihrer verstörten Umgebung. Und noch schärfer tritt dies bei seiner früheren Graphik zutage, die – was bezeichnend ist – sich sozusagen stets zyklisch ausdrückt oder den Weg der Illustration wählt. (Es gibt keinen Holzschnitt Davringhausens!)

Der Maler wie der Graphiker Davringhausen sind hierin eins. Das ist zu beachten. Der Antrieb zur Schöpfung ist nie das erlebte Motiv, sondern immer die I d e e, die – sagen wir einmal – der erfaßte Darstellungs s t o f f in sich birgt. Schon aus diesem Grunde erklärt sich das Zwiespältige in seinen Werken. Sie haben nichts Einendes, nichts in sich Ruhendes und Geklärtes; mehr als bei jedem anderen Maler von heute wirken in Heinrich Maria Davringhausen zwei Willensstrebungen im Moment des Schaffens: Das psychologische Klarmachen-wollen und die stets deutliche Absicht, eine Idee zu gestalten. Noch in seinen Frühwerken »Ölberg«, »Der verlorene Sohn« und im »Wüstenheiligen«, in denen er sich um biblische Motive müht, stellt sich der Maler in jene üble Nachbarschaft der romantisch-nazarenischen Verkünder. Eine Zeit des Experimentierens folgte, die noch kaum eine merkliche Wendung in der Entwicklung dieses Malertums zeitigte. Der unbelebten Flächigkeit und Leere der Bilder tritt mit einem Mal eine zunehmende Differenzierung der Farbe entgegen. Das Detail wird in jedem Werk lebendiger, fertiger und zuletzt beinahe unheimlich klar. Deutlichkeiten, die unwesentlich sind, übersteigern sich, daß man den Eindruck des Literarisch-Gewollten nicht losbringt. Mitunter wird ein solches Nebenbei zur ausschlaggebenden Wichtigkeit und zerreißt die Gesamtgestaltung völlig, degradiert sie zur beiläufigen Umrahmung dieses Einzelnen. Es gibt Bilder aus jenem Entwicklungsstadium des Malers, die verärgern können. Eine erschreckend beharrliche Maniriertheit entnervt sie. Dies nur macht sie erträglich: Ein unerbittliches Mühen, Schritt für Schritt aus solch beengter Könnerschaft herauszukommen, spricht aus ihnen.

Was ja schon von Anfang an bei diesem Maler frappierte, war das Können, die scheinbare Leichtigkeit der Farbbewältigung, das Gedachte des Aufbaues solcher Bilder. Davringhausen war nie ein Schöpfer aus dem Unbewußten. Er rätselte von jeher mit seinem Wollen am meisten. Das Abwägen und Bedenken sind seine Hemmung. Immer – man empfindet es selbst bei seinen ausgeglichensten Werken – rennt sein Temperament gegen diese starren Wände. Selten nur kann es sich Durchbruch verschaffen. Dies nimmt seinen Schöpfungen die Nähe und Vertrautheit, dies gibt seiner Farbe etwas Uninniges. Selbst seine elegisch-ruhigen Landschaften wie »Friede« und der dunkel-satte »Wasserfall« bleiben in ihrer Meisterschaft fremd. Es ist, als verschlösse eine dünne Nebelschicht die eigentliche Welt auf der Leinwand, als scheue sich der Mensch, der seiner Sehnsucht Ausdruck verleihen will, seine ganze Glut auflodern zu lassen. Mehr das Verschwommene, das sachte Ineinanderfließen, als das Offene, Durchsichtige und Klare machen diese Bilder zu Traumlandschaften, zu verhaltenen Unwirklichkeiten, die in ihrer Schönheit und Weite eine weiche, wunderliche Ruhe ausströmen. Solche Welten begeistern nicht, reißen nicht mit. Sie machen sanft. Würde dieser Maler beispielsweise Italien oder Griechenland, rein dem Landschaftlichen nach, erleben und aus diesen Bereichen zu schöpfen beginnen, es kämen Bilder von ihm, die sich (und hier leuchtet eine unverhoffte, ferne Verwandtschaft auf) neben die Rottmanns stellen könnten. Ebenso heroisch und etwas ins Prachtmäßige auslaufend, ebenso formal geschlossen, wie bewältigt und gleichsam getragen farbig wären sie. Nicht das geringste an gemeisterter Betrachtung würde fehlen – nur eines vermißte man immer und immer wieder: Das nahe, das Verbundene mit den Wirklichkeiten der Landschaft. In Heinrich Maria Davringhausens Landschaften ist »Friede«, aber keiner, der fröhlich, erdig, unbefangen und bezwingend leicht macht. In diesen Bildern ist ein müder Hauch von Melancholie, ist die Sehnsucht des Städters nach ruhigeren, seligen Gevierten, nicht aber die Gewißheit des in solcher Welt Wurzelnden. Aus diesen Werken des Malers strömt kein Daheimsein, ein Betrachten spricht daraus. Man möchte fast sagen, die träumende Idee formt und versinnbildlicht Ersehntes, das fremd und rätselhaft und so lange beunruhigend im Gefühl auftaucht, bis es letzte Gestalt und endlichen Abschluß gefunden hat.

Es ist höchst bezeichnend für die Grundrichtung der Begabung Davringhausens, wie er nach solchen Versuchen allmählich ins Exakte gerät und in zahlreichen, oft sich wiederholenden Studien dazu übergeht, mit der Bewältigung des Raumes ins klare zu kommen. Es gibt einige »Fensternischen« – manchmal noch grell und spröde in der Farbe – die als Experimente blitzartig die Art seines Schaffens aufleuchten lassen. Viel zu aufdringlich Gesuchtes stört ab und zu noch. Einfachheit und wirkliche Bewegung dringen erst in den Bildern »Stilleben 1923« und besonders in dem glänzend gelösten Werke »Junge mit Seifenblasen« völlig durch.

Heinrich Maria Davringhausen: »Junge mit Seifenblasen«

Mit einer Wucht und Vehemenz aber, wie sie bei solch abwägenden Begabungen höchst selten sind, findet Davringhausen nach diesen Stücken endlich seinen eigensten Bezirk: das Porträt. Und dies ist endlicher Durchbruch. Porträt als Anlaß, ein Menschenwesen zu verdeutlichen, war immer die reizvollste Aufgabe. Und wer zuschauend die Entwicklung der jüngsten Kunstbestrebungen verfolgt hat, konnte aus der geradezu heftigen Zunahme der Bildnismalerei allerhand Symptome aus dieser Tatsache feststellen. Die Wegrichtung vom Allgemeinen ins Einzelne, vom Abstrakten zum Konkreten war die Entscheidung für viele. Und es gibt wenige, die gerade durch die Porträtmalerei wieder ins Weite, ins Gesamte fanden. Die Meisten endeten beim Darstellen der Einzelzufälligkeit, ihnen ward ein Gesicht nie Welt, nie Typ. Selbst die vielversprechendsten Begabungen sind in diesem Falle in eine Sackgasse geraten, weil ihnen das abging, was Heinrich Maria Davringhausen geradezu zum Porträtmaler schlechtweg macht: die Ideenhaftigkeit.

Denn es kommt nicht darauf an, daß man meinetwegen einen x-beliebigen Herrn Soundso – gleichgültig ob wesenhaft oder nicht – malt. Wer heute anfängt und Bildnisse gestaltet, muß den Mut zum Typischen haben. Gerade dies zeichnet Davringhausen aus: daß er abweicht von der Zufälligkeit dieses oder jenes Antlitzes, daß seine Porträts Glieder einer Kette sind, Stücke aus einem Zyklus, ohne dabei das Menschliche zu verlieren. Das ist das Bezeichnende an diesem von einer ganz neuen Eindringlichkeit Besessenen, daß er mit einer bis zur Reife gekommenen Konsequenz diese eben bezeichneten Aufgaben erkannt hat, daß er immer an dem Beispiel eines Bildnisses gleichsam das Gesicht eines Teiles der ganzen heutigen – sagen wir – Menschhaftigkeit aufzeigt. Und dies nicht mit irgeneiner Verkünderabsicht, sondern unbestechlich g e s t a l t e t. Gestaltet insofern nämlich, als selbst die Farbe Mittel wird, das Psychische deutlich zu machen, daß der Raum wahrhaft nur für diesen einen Typ da zu sein scheint. Hier hat zum ersten Mal einer mit einer Waghalsigkeit, wie sie seinesgleichen sucht, begonnen und Menschen in ihre Welt gestellt. Eine prinzipielle Erkenntnis wurde hier der Kunst erobert. Dieser junge Aachener darf sich zu jenen rechnen, von denen man gemeiniglich sagt, daß sie das Signal für das Weitere geben ...

(Der Cicerone. Halbmonatsschrift für Künstler, Kunstfreunde und Sammler. Hg. Prof. Dr. Georg Biermann. XVI. Jahrgang 1924. S. 59–63.) – Von den »sechs Abbildungen auf drei Tafeln«, die dem Essay beigegeben sind, ließ sich leider nur das von Oskar Maria Graf besonders geschätzte Bild reproduzieren.

Ulrich Dittmann
Zum Oskar Maria Graf-Porträt von Heinrich Maria Davringhausen

Er gehört zu der für unsere Kunstgeschichte »verlorenen Generation« der sogenannten Entarteten. Das NS-Regime wußte über »die rechte Art« Bescheid; nachdem man schon 1933 das »schädliche und unerwünschte Schrifttum« vernichtet hatte, kam 1937 die bildende Kunst an die Reihe. Zu den »Entarteten« zählte neben vielen anderen der zum Freundeskreis der Herzfeldes gehörende Davringhausen (1894–1970), der noch vor dem Krieg zum Monte Veritá gewandert, dort Schrimpf begegnet war und kriegskritische Bilder malte, also schon früh Kontakt zu Oskar Maria Graf hatte.

Als Ende des Jahres 2005 ein Kollege anrief und mir den Rückgang des Graf-Porträts bei einer Berliner Auktion meldete, griff ich zu angemessenem Preis zu. Das konsultierte Werkverzeichnis von Dorothea Eimert weist nur zwei Museumsexemplare [von 20] im Rheinland nach und meldet »Verbleib der übrigen Exemplare unbekannt«.

Zum Verhältnis der Künstler zueinander schreibt Gerhard Bauer in seiner Biographie (1987), im Kapitel »Revolutionär und Zuschauer«, über Oskar Maria Graf im Nymphenburger Kreis des Holländers van Hoboken: »Mit dem Maler Heinrich Davringhausen, den er schon von Ascona her kannte, prügelte er sich herum, sei es um die Gunst des Hausherrn oder seiner Geliebten, sei es aus einer allgemeinen Unverträglichkeit ihrer Kunst- und Lebensanschauungen. Graf konnte ihn nicht leiden, fand ihn ›überelegant‹. Im quirlenden ›Rat der geistigen Arbeiter‹ sei Davringhausen als ›Bügelfaltenhengst‹ peinlich aufgefallen. In einer frühen Novelle ›Der Totschlag‹, in der die Erlebnisse in diesem Kreis als unerträgliche Demütigung gestaltet sind, erschlägt der lange nur kuschende, als ›Kuli‹ malträtierte Dichter schließlich seinen Widersacher, den sadistischen Maler, dem Graf den Namen ›Kotlehm‹ verpaßt. In der nächsten Fassung, ›Ein dummer Mensch‹ (1922) [In: »Zur freundlichen Erinne-

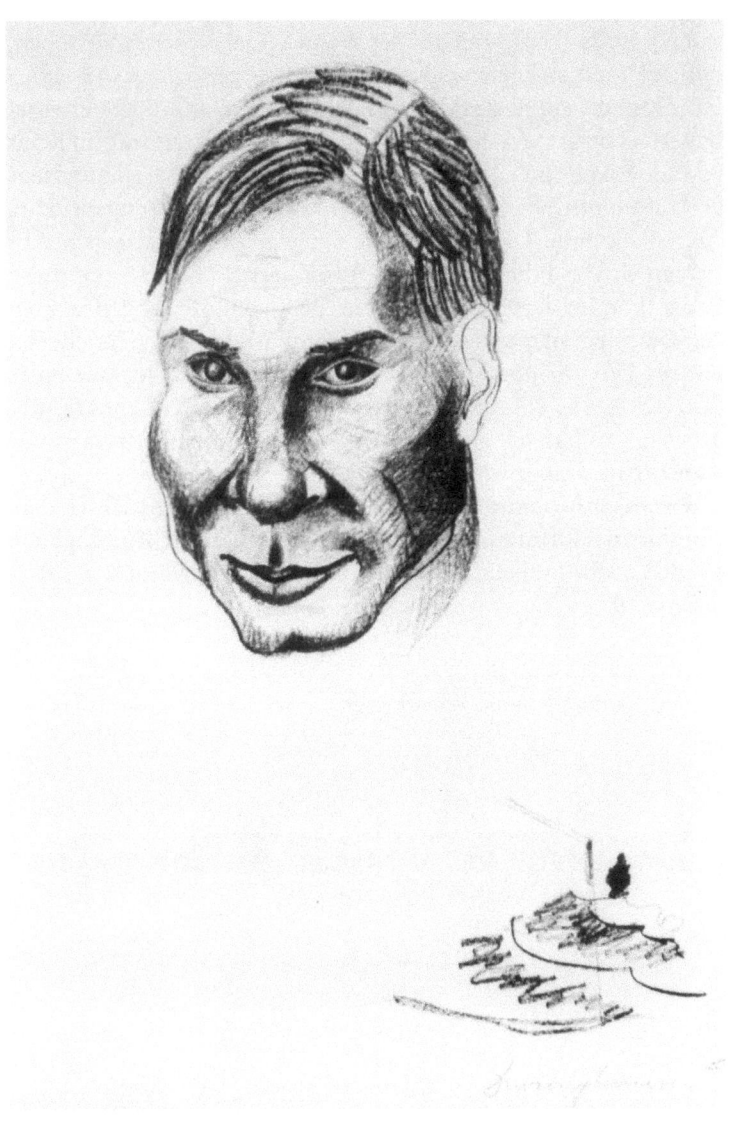

Bildnis Oskar Maria Graf, um 1922. Lithographie, 59 x 35 cm (70 x 50,5). Auflage 20. – Besitzer: Suermondt-Ludwig-Museum, Aachen (Expl. 13); Rheinisches Landemuseum Bonn; Verbleib der übrigen Lithos unbekannt
(Dorothea Eimert: Heinrich Maria Davringhausen 1894–1970. Monographie und Werkverzeichnis. Köln 1995. S. 375)

rung«], ist die Fixierung auf den einen Widersacher aufgehoben, dafür der ganze Kreis noch widerwärtiger gezeichnet« (S. 95).

Im Kapitel »Eine starke, rauhe alt-neue Erzählkunst« ergänzt Bauer: »Mit dem Maler Davringhausen hatte sich Graf im Kreis von Hoboken am schlechtesten vertragen. An Davringhausens Porträtbildern aber entdeckte er 1924 ein Gestaltungsprinzip, das er wie eine Übertragung seiner eigenen literarischen Absichten in die bildende Kunst formuliert.« (S.152) – Gerhard Bauer kondensiert im Folgenden den von uns abgedruckten Aufsatz, den auszugsweise auch schon Wilfried F. Schoeller in seinem Dokumentenband »Oskar Maria Graf. Odyssee eines Einzelgängers« (Frankfurt 1994 – Büchergilde Gutenberg) abdruckte – es handelt sich also um eine nicht zu unterschätzende Kunstkritik Oskar Maria Grafs.

Weitere Informationen zu Davringhausen finden sich in dem von Justin Hoffmann bearbeiteten informativen Katalogbuch »Süddeutsche Freiheit. Kunst der Revolution in München 1919« (Lenbachhaus München 1993).

II. Literarische Beziehungen

John Margetts
Gegenseitiger Respekt und tiefe Zuneigung
Thomas Mann und seine Beziehung zu Oskar Maria Graf[1]

Als Oskar Maria Graf im Juni 1958 nach zwanzig Jahren eines ungewollten Exils zunächst in Österreich und der Tschechoslowakei und dann in den USA zum ersten Mal wieder nach Europa kam, war er vor allem daran interessiert, zwei

---

[1] Von den drei bisherigen Versuchen die Mann-Graf-Beziehung zu beschreiben: Ulrich Kaufmann, Thomas Mann als geistiges Erlebnis. Kommentar zu Dokumenten einer Partnerschaft. In: Helmut Brandt/Hans Kaufmann (Hg.), Werk und Wirkung Thomas Manns in unserer Epoche. Ein internationaler Dialog. Berlin, Weimar 1978, S. 357–69; Sheila Johnson, Oskar Maria Grafs »Die Flucht ins Mittelmäßige« und Thomas Manns »Doktor Faustus«. Einflüsse und Parallelen. In: Donald G. Davian/Ludwig M. Fischer (Hg.), Das Exilerlebnis (= Verhandlungen des vierten Symposiums über deutsche und österreichische Exilliteratur). Columbia, South Carolina 1982, S. 289–96; Helmut F. Pfanner, Bewunderung auf Distanz. Oskar Maria Grafs Verhältnis zu Thomas Mann. In: Oskar Maria Graf-Jahrbuch 1994/95, S. 105–24, denen ich allen auf unterschiedliche Weise einen großen gleichgesinnten Dank schulde, stellt die Untersuchung von Pfanner, wahrscheinlich dem besten heutigen Graf-Kenner, den einfühlsamsten und umfangreichsten Versuch dar. Nichtsdestotrotz finde ich eine Rechtfertigung für diesen eigenen Beitrag darin, daß sich meine Ausführungen hier eher auf Thomas Mann als auf Oskar Maria Graf beziehen. In den Handbüchern zu Thomas Mann findet sich übrigens kein Hinweis auf Oskar Maria Graf: Vgl. zum Beispiel das Register von Helmut Koopmann (Hg.), Thomas-Mann-Handbuch. Stuttgart 1995.
Dieser Beitrag basiert auf meinen Ausführungen auf einer im März 2005 am Institute of Germanic Studies der Londoner Universität zum fünfzigjährigen Todestag Thomas Manns abgehaltenen Tagung, »Thomas Mann: A Classic Writer in a Postmodern Climate?«. Mein damaliger Vortrag »›Getting Better all the Time‹: the relationship between Thomas Mann and Oskar Maria Graf« erscheint demnächst in Oxford German Studies 35,1 (im Druck für 2006). Da ich fast fünfundzwanzig Jahre lang an der Universität Liverpool gearbeitet habe, möchte ich auf diese Weise eine kleine Verbeugung vor den *Fab Four* machen, weil ich meine, daß »Getting better all the time« in der Tat eine passende Beschreibung der Entwicklung der Mann-Graf Beziehung wäre, siehe Alan Aldridge (Hg.) (Deutsche Ausgabe durch Peter Zentner), The Beatles Songbook. München 1971, S. 21 und 172.

Gräber zu besuchen, das seiner Mutter in Berg/Aufkirchen am Starnberger See und das von Thomas Mann in Zürich/Kilchberg.²

Grafs Mutter war in seinem Leben eine Figur von sehr großer Bedeutung. Wir können aufgrund dieses Grabbesuchs daher auch auf eine ähnlich große emotionale Bindung zu Thomas Mann schließen, die über die Tatsache weit hinausging, daß sie beide »raunende Beschwörer des Imperfekts« waren.³

Der Kontakt zwischen Graf und Mann datiert aus dem Jahr 1917/18, war im Lauf der Jahre von eher sporadischem Charakter und erstreckte sich über ein wichtiges Treffen im Jahre 1926 im Hause Thomas Manns in der Poschingerstraße 1 in München⁴ bis zur Zusammenarbeit in der 1938 in New York von Graf mitgegründeten Organisation, die GAWA (= »German American Writers Association«)⁵. Thomas Mann war der Ehrenpräsident des Verbands und Graf war knapp zwei Jahre lang ihr Vorsitzender. Die beiden Hauptfunktionen des Verbands bestanden darin, einerseits deutschen Autoren im Exil zu helfen mit den täglichen Problemen des Exillebens fertig zu werden, und andererseits der amerikanischen Öffentlichkeit klarzumachen, daß sie zwischen den politischen Führern des Deutschen Reichs und dem deutschen Volk zu unterscheiden habe. Der Verband fiel den politischen Spannungen unter seinen Mitgliedern zum Opfer. Diese waren entstanden, als der Hitler-Stalin-Pakt im September 1939 allgemein bekannt worden war.

---

² Vgl. Gerhard Bauer/Helmut F. Pfanner (Hg.), Oskar Maria Graf. Oskar Maria Graf in seinen Briefen. München 1984, S. 287 (12.2.1959), 315 (30.9.1963).
³ Vgl. Thomas Mann, Die Kunst des Romans. Vortrag für Princeton-Studenten. In: Hermann Kurzke and Stephan Stachorski (Hg.), Deutschland und die Deutschen. Essays 1938–1945. Frankfurt am Main 1996, S. 118–31, hier S. 119 mit S. 337. Geschrieben »für die boys oder eigentlich mehr für ihre Professors« wurde der Vortrag am 9./10.5.1940 gehalten und das oben gebrachte Zitat stammt wortwörtlich aus dem »Vorsatz« zu »Der Zauberberg« (GW III, 9).
⁴ Vgl. Pfanner (Anm. 1), S.110–111. Zur Mann Rezension von Grafs Buch »Wir sind Gefangene« siehe Kaufmann (Anm. 1), S. 361-63.
⁵ Auf Deutsch heißt das »Schutzverband Deutsch-Amerikanischer Schriftsteller«.

Die Beziehung zwischen Thomas Mann und Oskar Maria Graf fußte auf gegenseitigem Respekt, der sich bis zum Ende ihrer beiden Leben zu einer tiefen gegenseitigen Zuneigung entwickelte:

»Im Juli wird er sechzig«, schrieb Thomas Mann. »Ich gehe ins achtzigste, bin ziemlich müde und kann nicht viel schreiben. Aber wissen lassen möchte ich ihn, daß ich den reinen, geradsinnigen, aufrechten Menschen liebe, der er ist, und seine schriftstellerische Berufenheit sehr hochschätze.«[6]

In einem Brief vom 3.11.1955 an den Kritiker und Journalisten Robert Warnecke schrieb Graf: »Das Zweite und wahrhaft ebenso Schreckliche, wie die Operation meiner Frau fiel über mich her, als ich – zwei Tage vorher hatte ich noch einen sehr hoffnungsvoll-beruhigenden Brief von seiner Frau aus Zürich bekommen – plötzlich durchs Radio erfuhr, Thomas Mann sei gestorben. Mein Gott, ich weiß erst bis ins Innerste, wie ich mit ihm zusammenhing!«[7]

Aber bevor sich dieser gegenseitige Respekt manifestierte, gab es im Lauf der Jahre sehr große Differenzen zwischen den beiden Schriftstellern und – mit einiger Distanz – sogar stürmische Phasen in ihrer Beziehung, die in dem Brief von Graf an Mann zu seinem siebzigsten Geburtstag 1945 kulminierten. Auf diesen Brief komme ich weiter unten noch kurz zu sprechen.

Graf wurde zum Kriegsdienstverweigerer und schaffte es 1916, sich von der Armee entlassen zu lassen, nachdem er den Gehorsam verweigert und einen Aufenthalt in einer Anstalt für Geisteskranke überlebt hatte. Er arbeitete anschließend in einer Keksfabrik, war Sortierer am Postamt und nahm als linker Aktivist am Streik der Munitionsfabrikarbeiter in München im Januar 1918 teil. Dies alles geschah zur selben Zeit, als Thomas Mann dabei war folgendes zu schreiben:

---

[6] Vgl. »[Für Oskar Maria Graf]«, Greifen-Almanach 1954. Rudolstadt 1954. In: GW X, S. 538 und 952.
[7] Vgl. Graf, Briefe (Anm. 2). S. 262.

Nein, zugegeben, ich bin kein Ritter der Zeit, bin auch kein »Führer« und will es nicht sein. Ich liebe nicht »Führer« und auch »Lehrer« liebe ich nicht, zum Beispiel »Lehrer der Demokratie«. Am wenigsten aber liebe ich und achte ich jene Kleinen, Nichtigen, Spürnäsigen, die davon leben, daß sie Bescheid wissen und Fährte haben, jenes Bedienten- und Läufergeschmeiß der Zeit, das unter unaufhörlichen Kundgebungen der Geringschätzung für alle weniger Mobilen und Behenden dem Neuen zur Seite trabt; oder auch die Stutzer und Zeitkorrekten, jene geistigen Swells und Elegants, welche die letzten Ideen und Worte tragen, wie sie ihr Monokel tragen: zum Beispiel »Geist«, »Liebe«, »Demokratie« – so daß es heute schon schwer ist, diesen Jargon ohne Ekel zu hören. Diese alle, die Heulenden sowohl wie die Snobs, genießen die Freiheit ihrer Nichtigkeit. Sie sind nichts, wie ich im Texte sagte, und also sind sie ganz frei, zu meinen und zu urteilen, und zwar immer nach neuestem Schnitt und à la mode. Ich verachte sie redlich. – Oder ist meine Verachtung nur verkappter Neid, da ich ihrer windigen Freiheit nicht teilhaft bin?[8]

und:

Ich bin kein Pazifist, weder von der geifernden noch von der öligen Observanz. Der Pazifismus als Weltanschauung, als seelisches Vegetariertum und bürgerlich-rationale Glücksphilanthropie ist nicht meine Sache. Aber er war auch eines Goethe Sache nicht.[9]

Bei seinem Versuch, zu einem Zeitpunkt des erregten und triumphierenden Nationalismus während des ersten Weltkriegs, in seinem Traktat »Betrachtungen eines Unpolitischen« das Deutsche zu definieren und etablieren, verwendet er von Nietzsche übernommene Attitüden, um alles abzulehnen, was aus seiner

---

[8] Vgl. die »Vorrede« (geschrieben im März 1918) zu »Betrachtungen eines Unpolitischen« (Stockholmer Gesamtausgabe). Frankfurt/M. 1956. S. 13.
[9] Diese Zeilen wurden im Juli/August 1922 geschrieben in: »Von deutscher Republik. Gerhart Hauptmann zum sechzigsten Geburtstag« und veröffentlicht in: *Neue Rundschau*, November 1922. Siehe Hermann Kurzke und Stephan Stachorski (Hg.), Für das neue Deutschland 1919–1925. Essays Band 2. Frankfurt/M. 1993, S. 130.

Sicht als französisches Gedankengut, als Aufklärung und moribunde demokratische Vorstellungswelt betrachtet werden kann. In Nietzsches Schriften findet er das deutsche Wesen und er wiederholt hier dessen Einstellung gegenüber Volk und Herde im geistigen Leben.[10]

Diese politischen Ansichten Thomas Manns möchte ich kurz mit einigen Zitaten im Sinne von *sound bites* belegen, um damit zu versuchen vor allem etwas vom Flair der Texte zu vermitteln.

Fragen der sozialen Problematik haben seiner Meinung nach nichts mit der Welt des Geistes zu tun, sind ihr fremd:

> Wir haben da den Unterschied von Masse und Volk – welcher dem Unterschied entspricht von Individuum und Persönlichkeit, Zivilisation und Kultur, sozialem und metaphysischem Leben. Die individualistische Masse ist demokratisch, das Volk aristokratisch. Jene ist international, dieses eine mystische Persönlichkeit von eigentümlichstem Gepräge. Es ist falsch, das Überindividuelle in die Summe der Individuen, das Nationale *und* Menschheitliche in die soziale Masse zu verlegen. Träger des Allgemeinen ist das metaphysische Volk. Es ist darum geistig falsch, Politik im Geiste und Sinne der Masse zu treiben. Sie sollte, damit überhaupt die Möglichkeit bestehe, das politische und das nationale Leben als Einheit zu erleben, im Sinn und Geist des Volkes getrieben werden, auch wenn sie sich damit dem Verständnis der Masse als solcher entzöge. Diese Forderung ist jedoch heute verurteilt, Theorie zu bleiben. Der Vormarsch der Demokratie ist sieghaft und unaufhaltsam. Nur Massenpolitik, demokratische Politik, eine Politik also, die mit dem höhern geistigen Leben der Nation wenig oder nichts zu tun hat, ist heute noch möglich ...[11]

---

[10] Vgl. Betrachtungen (Anm. 8), S. 529–34. Siehe auch zu dieser ganzen Frage T. J. Reed, Thomas Mann. The Uses of Tradition. Oxford 1974, S. 179–221; Kaufmann (Anm. 1), S. 358–60; Howard N. Tuttle, The Crowd is Untruth. The Existential Critique of Mass Society in the Thought of Kierkegaard, Nietzsche, Heidegger and Ortega y Gasset (= American University Studies, Series V Philosophy Bd. 176). New York (u a.) 1996, besonders S. 83–96.
[11] Vgl. Betrachtungen (Anm. 8), S. 408.

Er lehnt den Begriff »Masse« ab und zieht den Begriff »Volk« vor, denn demokratische Politik sei ein Produkt der Massen und daher dem höheren geistigen Leben der Nation durchaus fremd:

> ... denn keineswegs, um es gleich zu sagen, entgeht diesem Ohr [= des Verfassers], wie sehr das gute und biedere Wort »Volksstaat« sich nach Klang und Sinn von dem Worte »Demokratie« mit seinem humbughaften Nebengeräuschen unterscheidet.[12]

Er betont weiter die Inkompatibilität von Politik und Demokratie mit deutschen Werten:

> Aber deutscher Humanismus ist etwas anderes als demokratisches »Menschenrecht«; Weltbürgerlichkeit etwas anderes als Internationalismus; der deutsche Weltbürger ist kein politischer Bürger, er ist nicht politisch – während die Demokratie nicht nur politisch, *sondern die Politik selber* ist, Politik aber, Demokratie, ist an und für sich etwas Undeutsches, Widerdeutsches; und der Selbstwiderspruch der Demokratie, oder doch einer gewissen Demokratie, besteht darin, daß sie zu gleich demokratisch und national sein will, den Namen »Vaterlandspartei« für einen Affront erklärt und es tödlich übelnimmt, wenn jemand Miene macht, sie im Nationalen für weniger zuverlässig zu halten als die Konservativen.[13]

Diese Annahme führt ihn sodann zu dem Postulat, daß das geistige Leben von der Politik zu trennen sei, da die Politik durch eine zunehmende »rhetorische Verpöbelung« gekennzeichnet sei, die nicht zum nationalen Leben passe:

> Eben aus der Tatsache aber, daß Geist, Philosophie, kostbareres Denken in der Politik ganz offenbar nichts mehr zu suchen und zu sagen haben, folgt die Notwendigkeit, das geistige Leben vom politischen zu *trennen*, dieses seine eigenen fatalen Wege gehen zu lassen und jenes über solche Fatalität zu heiterer Unabhängigkeit zu erheben. Keine Forderung ist, wie die Dinge liegen, unsinniger und unverschämter als die

---

[12] Vgl. Betrachtungen (Anm. 8), S. 405.
[13] Vgl. Betrachtungen (Anm. 8), S. 422–23.

der »Politisierung des Geistes« – wie als ob der Geist sich politisieren müsse, weil die Politik nicht fähig des Geistes ist und mehr und mehr einer Art von rhetorischer Verpöbelung anheimfällt. Das geistige Leben aber, das ist das *nationale* Leben, und dieses ist es, was man vom politischen Leben trennen muß ...[14]

Dieser Demokratisierungsprozeß sei daher dem deutschen Wesen durchaus fremd:

In diesem Falle wäre Demokratisierung Angleichung nach außen, Angleichung an das Weltniveau der Zivilisation; Nationalisierung in diesem Sinne, das wäre Entnationalisierung, es wäre die Verdummung des Deutschen zum sozialen und politischen Tier, es wäre die Entdeutschung – und welchen Sinn in aller Welt könnten danach noch deutsche Herrschaftsaufgaben haben?[15]

Er lehnt universales Wahlrecht und die demokratische Funktion des Mehrheitsprinzips ab,[16] denn »der Mensch ist nicht nur ein soziales, sondern auch ein metaphysisches Wesen; der Deutsche zuerst«.[17]

Diese Meinungen befinden sich vor allem in den Abschnitten »Politik«, teilweise veröffentlicht im Februar 1917 in den *Münchener Neuesten Nachrichten*, und »Einkehr«, veröffentlicht im März 1917 in der *Neuen Rundschau*.

Sehr bald aber gibt Mann diese Position auf und während der nächsten etwa dreißig Jahre entwickelt er (auch wenn er wiederholt zu Nietzsche zurückkehrt)[18] eine klare Einsicht darüber, wie das Gedankengut Nietzsches durch Vertreter des deutschen

---

[14] Vgl. Betrachtungen (Anm. 8), S. 429.
[15] Vgl. Betrachtungen (Anm. 8), S. 433.
[16] Vgl. Betrachtungen (Anm. 8), S. 427–28 und 472.
[17] Vgl. Betrachtungen (Anm. 8), S. 443.
[18] Hierzu siehe die demnächst in »Oxford German Studies« erscheinenden Beiträge von Deborah Holmes, Thomas Mann and Socialism, und von Nicholas Martin, »Was willst du armer Teufel geben?« Thomas Mann's Nietzschean Bargain, sowie auch Sabine Rothemann, Die Verantwortung des Schriftstellers. Thomas Manns politische Schriften. In: *Neue Gesellschaft/FH* 7+8/2005, S. 85–88, besonders S. 86.

Konservatismus angewandt wird, um ihre Ansichten über Krieg und den Erhalt des Status quo einer hierarchischen Sozialordnung zu befördern. Sein früheres Traktat ist ihm offensichtlich peinlich, was sich sogar aus einigen Stellen des als letzten Teil des Textes verfaßten »Vorworts« zeigt, indem er es als »Erguß« bezeichnet. 1916/18 setzte Thomas Mann auf das falsche Pferd und in seinem Traktat manifestiert sich seine mehr oder weniger unverdaute Weltschau Nietzsches noch, als bereits sein Distanzierungsversuch mit solchen Vorträgen und Essays wie »Von deutscher Republik« (1922), »Rede vor Arbeitern in Wien« (1932) und selbstverständlich »schließlich« in »Nietzsches Philosophie im Lichte unserer Erfahrung« (1947)[19] und in »Meine Zeit« (1950) beginnt. In »Meine Zeit«[20] erkennt er vor allem an, daß sein Traktat des Jahres 1918 die falsche Wirkung gehabt und ihn selber in einem reaktionären Licht gezeigt hatte. Im Vorwort zur Stockholmer Ausgabe der »Betrachtungen eines Unpolitischen« beschreibt Erika Mann auf rührende Weise und gleichzeitig ganz objektiv den Prozeß des Sich-Freischwimmens, dem sich ihr Vater im Bezug auf diesen Text unterzog.[21]

Oskar Maria Graf ist sich dessen durchaus bewußt, wie sehr Mann wegen der andauernden Auswirkung dieses Traktats Gefühle der Verlegenheit empfinden mußte, und erwähnt sie in einigen Briefen und anderswo.

Beispielweise in einem Brief vom 15.6.1942 an seine Freunde

---

[19] Dies wurde zunächst am 29.4.1947 als Vortrag in Washington gehalten und erschien dann gedruckt erst in der Herbstnummer der »Neuen Rundschau«. Für eine Ablehnung von Nietzsches Verherrlichung des Krieges in diesem Essay und eine ausgewogene Diskussion von Pazifismus im Lichte der Zeit kurz vor dem Ausbruch des Zweiten Weltkriegs siehe Hermann Kurzke und Stephan Stachorski (Hg.), Meine Zeit. Essays 1945–1955. Frankfurt/M. 1997. S. 78/9.

[20] Vgl. Meine Zeit (Anm. 19), S. 171/2. Dieser Vortrag sollte Manns letzter Vortrag in den USA werden. Es wurde als Teil der Vortragsreihe für die Library of Congress verfaßt, aber die Einladung für den Vortrag für das Jahr 1950 wurde aufgrund der antikommunistischen Entrüstung in den USA, die durch Manns Besuch in Weimar 1949 verursacht wurde, rückgängig gemacht und so wurde der Vortrag zum ersten Mal am 22.4.1950 in Chicago gehalten. Er erschien im selben Jahr als Buch.

[21] Vgl. Betrachtungen (Anm. 8), S. IX–XXV.

aus der Brünner Zeit, den Tuchfabrikanten und Pazifisten Gustav Fischer und seine Ehefrau Else, die nun in London leben: »Und da denke ich immer wieder an Thomas Manns Schlußsätze in seinem so viel angefeindeten Buch »Betrachtungen eines Unpolitischen«, wo er sagt (bitte 1917!): ›Der Krieg geht weiter, aber [recte denn] das ist kein Krieg. Das ist vielmehr eine geschichtliche [recte historische] Periode, die etwa dauern [recte währen] mag wie [recte diejenige] von 1789 bis 1815 oder 1618 bis 48 [...]‹.«[22]

In einer 1955 im Hunter-College, New York, zu Ehren des verstorbenen Thomas Mann gehaltenen »Totenrede« sagt Graf, daß er sich 1917 dessen nicht bewußt war, daß Thomas Mann – »damals noch ein rasant konservativer deutscher Patriot« – damit beschäftigt war, »sein vielumstrittenes, schmerzlich erlittenes Buch« zu schreiben. Nach seinem ersten – damals erst brieflichen – Kontakt zu ihm, hatte er »den Schriftsteller Thomas Mann [...] sozusagen als bürgerlich verdächtig« eingestuft und eher »ad acta gelegt«.[23]

Am 20.1.1964 schreibt Graf an Luise Rinser, Mann habe wegen seiner »Betrachtungen eines Unpolitischen« »schwer büßen und leiden« müssen.[24]

Aber nichtsdestotrotz bleibt dieser Traktat – oder wenigstens die darin enthaltene Anwendung von Nietzsches Gedankengut – eine Art politische Chiffre und führt schon deswegen zu der vehementen Kritik in Grafs schon erwähntem Geburtstagsbrief an Thomas Mann. In einem Brief vom 14.1.1945 an den Journalisten Kurt Kersten betrachtet Graf die durch diese Chiffre zu Tage tretenden politischen Einstellungen als ausschlaggebend für die politische Situation in Deutschland, die letztlich zum Zweiten Weltkrieg führte:

---

[22] Vgl. Graf, Briefe (Anm. 2), S. 167. Das Zitat aus Manns Traktat befindet sich an folgender Stelle: Betrachtungen (Anm. 8), S. 579 und, wie oben angezeigt, scheint Graf hier – nicht ganz genau! – offensichtlich aus dem Gedächtnis zu zitieren.

[23] Vgl. Oskar Maria Graf, An manchen Tagen. Reden, Gedanken und Zeitbetrachtungen (= Werkausgabe Bd. XII). Hg. von Wilfried F. Schoeller. München, Leipzig 1994, S. 266 f.

[24] Vgl. Graf, Briefe (Anm. 2), S. 321.

> Uns bleibt nur die Trauer, die Resignation und die furchtbare Erkenntnis, daß die Welt eben sich für Nietzsche und nicht für Tolstoi entschieden hat. Das ist vielleicht ein bißchen simplifiziert, ein bißchen arg vereinfacht, aber es ist für mich der Urgrund. Die Nazi-Epidemie, die Dich schon 1933 so erschreckt hat (und deren Anwachsen Dich in kurzen Jahren vorher genau so erschreckte) – wie *konnte* sie denn überhaupt in der einfachen Menschenvernunft Fuß fassen? Weil die ganze europäische Intelligenz den so dithyrambisch wohlklingenden Gewaltmythos des Herrn Nietzsche angenommen hat. Wir, wir sind schuld – wir schämten uns ja stets, einfach zu schreiben, einfach zu denken, um nur um Gotteswillen ja nicht von den Geistigen als halbwertig angesehen zu werden, *wir* verrieten das Gute und die Vernunft tausendmal, und darum konnte ein Hitler das Volk so leicht in die Hand bekommen.[25]

Diese Selbstanklage überrascht und stellt die Tatsachen in ein falsches Licht, denn Graf selbst war eindeutig ein Opfer der politischen Ereignisse der zwanziger und dreißiger Jahre. Er hatte überhaupt nicht dazu beigetragen, die Sache der rechten Parteien in Deutschland zu unterstützen und dies erst recht nicht durch einen verschleiernden und verdunkelnden Schreibstil. Auf eine solche Selbstanklage verzichtet er in seinem Geburtstagsgruß an Thomas Mann vom 6.6.1945, indem er auf die verheerende Auswirkung des Nationalismus bei der Auslösung von Feindschaften unter den Völkern hinweist und an seine eigene, fast einfältig anmutende, unerschütterliche Unterstützung der Sache des Volkes erinnert:

> Ich nehme nicht an, sehr verehrter Herr Thomas Mann, daß Sie irgendein Buch, das Sie je geschrieben haben, nicht ernst nehmen, daß Sie es am liebsten ungeschrieben wüßten. Jedes ist – wie sollte es auch anders sein können! – der Ausdruck Ihrer komplexen Persönlichkeit, Ihres ureigenenen Geistes. Ich aber gehöre zu jener Masse »Volk«, der Sie »Unrechtlichkeit« vorwerfen. Ich möchte mich nicht einer solchen »Unrechtlichkeit« schuldig machen, indem ich Ihnen an Ihrem Jubeltag eine Unwahrheit sage.

[25] Vgl. Graf, Briefe (Anm. 2), S. 183.

Sie und der überwiegende Teil jener geistigen europäischen Generation, der Sie angehören, hat dieses Volk nie gekannt und es im tiefsten stets abgelehnt. Diese Generation entschied sich für Nietzsche – aber nicht für Tolstoi. Das könnte man beinahe als »Schicksal« bezeichnen, um das Folgenschwere daran etwas abzumildern. Diese Entscheidung hat aber das Geschick der europäischen Völker bestimmt. Eine der schwerwiegendsten Ursachen für Europa war unbestreitbar die Nachfolgeschaft Nietzsches, die in Ihnen, Thomas Mann, schließlich doch zu jener milderen Grundtendenz geführt hat, Gutes und Böses schöpferisch auszugleichen.[26]

Ursprünglich schickte Graf diesen Brief ab, damit er bei einer Sitzung der »Tribüne« verlesen werden konnte. Die »Tribüne« war eine lockere Vereinigung von Emigranten in New York in den Jahren 1941–45, die Graf auch mitgegründet hatte; sie war links gerichtet, aber mit ihrem hauptsächlich kulturellen Programm weniger politisch aktiv als die GAWA. Die Sitzung im Juni 1945 befaßte sich, um Manns Geburtstag zu feiern, mit Vorträgen über deutsche Literatur und die Organisatoren entschieden sich gegen die Lesung von Grafs Brief, weil sie meinten, der Inhalt passe nicht zur feierlichen Stunde. Am 26.6. schickte Graf dann den Brief direkt an Thomas Mann, der am 19.7. darauf antwortete.

Manns Antwort versucht nicht die Sachlage zu vertuschen und er akzeptiert die Kritik grundsätzlich. Er bedauert, daß man Grafs Brief bei der Sitzung der »Tribüne« nicht verlesen hatte: »aber geistig, menschlich, moralisch wäre Ihre Mitteilung doch sehr wichtig und interessant gewesen«. Er selber könnte nie »jenes Schmerzensbuch« als sein eigenes Werk verleugnen, sagt er, denn es habe ihn Leid gekostet und stelle obendrein eine wichtige Vorbereitungsphase bei der Verfassung seines Romans »Der Zauberberg« dar.[27] Es ist interessant hier festzuhalten, daß das Geburtstagskind die Erörterung dieses Sachverhalts zu diesem Zeitpunkt schon zu beschäftigen scheint, weil Mann sehr bald danach im Juli 1945 in »Dostojewski –

---

[26] Vgl. Graf, Briefe (Anm. 2), S. 185–186.
[27] Manns Brief steht bei Graf, An manchen Tagen (Anm. 23), S. 257–8.

mit Maßen«[28] schreibt, daß er seinen Freunden immer noch den Essay über Nietzsche schuldig geblieben sei, den sie von ihm immer wieder verlangen »und der auf meinem Wege zu liegen schien«. Bis zum 6.10.1945 hatte er sich ganz bestimmt vorgenommen, »Nietzsches Philosophie im Lichte unserer Erfahrung« zu schreiben. Wir können nun nicht unbedingt behaupten, daß Graf bei Mann diesen Plan ausgelöst hat, aber Grafs Brief vom 6.6.1945 hat seinen Empfänger ganz gewiß weiter in eine Richtung geleitet, die er schon in Erwägung gezogen hatte.

Grafs Kritik an Thomas Mann spiegelt weitgehend den Streit zwischen Heinrich und Thomas zur Zeit der Entstehung und Veröffentlichung der »Betrachtungen eines Unpolitischen« wider, den sogenannten Bruderzwist, der unter anderem durch Thomas Manns patriotische Einstellung während des Ersten Weltkriegs und seinen Angriff auf die »Zivilisationsliteraten« ausgelöst wurde.[29] Das, was Grafs Brief aber auch sehr deutlich belegt, ist die Tatsache, daß die politischen und intellektuellen Fragestellungen aus der Zeit der Weimarer Republik die deutschen Emigranten in ihrem Exil weiter zutiefst beschäftigen: Die »Autopsie«-ähnliche Bearbeitung dieser Fragen weist auf ein großes Reservoir von *unfinished business* hin.

Tolstoi ist in Grafs Brief das Gegenüber von Nietzsche und diese Gegenüberstellung belegt in der Zeit vor Ausbruch des Ersten Weltkriegs den immensen Einfluß, den die guru-artige Figur des alten Mannes von Jasnaja Poljana bei linken Schriftstellern ausübte. Auch für Thomas Mann war Tolstoi kein fremder Autor und in seinem Vortrag »Goethe und Tolstoi«[30] bewundert er 1922

---

[28] Dieser Text erschien zunächst auf Englisch als das Vorwort zu einer Anthologie: The Short Novels of Dostoevsky. New York 1945; die erste deutsche Version erschien dann später in: Neue Rundschau, H.4. Juli 1946. Vgl. Meine Zeit (Anm. 19), S. 14 und auch S. 400.
[29] Hierzu siehe Reed (Anm. 10), S. 223-25.
[30] Er wurde am 4.9.1921 in der Aula des Lübecker Johanneums gehalten und erschien zunächst teilweise im Vorabdruck in einer Broschüre, »Des Deutschen Jungborn, Ein Buch zur Stärkung deutscher Seelen« der Deutschen Allgemeinen Zeitung zu Weihnachten 1921 und dann vollständig in: Deutsche Rundschau März 1922; vgl. Essays 2 (Anm. 9), S. 45-84 und 313.

seine Ideen über Erziehung und seine Rolle innerhalb des öffentlichen Denkens, die er allein auf seine großartige Ausstrahlung zurückführt und nicht als die Auswirkung der hohen Qualität seines Gedankenguts versteht. Als Mann diesen Text Anfang der zwanziger Jahre verfaßte, war es für ihn wichtig, Tolstoi als Figur einzusetzen, mit der er Hoffnungen und Gedanken zur Gestaltung der neuen deutschen Republik zum Ausdruck bringen konnte und die er von der Entwicklung der Dinge im »Reich der Sarmaten und Bolschewisten« zu trennen wußte.[31]

In seiner sogenannten »Kleinen Notiz«[32] zu Tolstois fünfzigstem Todestag beschreibt Graf, wie sich ein sechzigjähriger weißrussischer Offizier aus Wrangels Armee, ein Zarist und Erzfeind der bolschewistischen Revolution und fanatischer Feind von Stalins Regime, freiwillig für die russische Armee meldet, um an Stalins zweitem Großen Vaterländischen Krieg teilzunehmen, als er von der Zerstörung von Jasnaja Poljana und der Schändung von Tolstois Grab durch die deutsche Wehrmacht erfährt. Graf findet es ironisch, daß der russische Schriftsteller, der als pazifistischer Gegner von Krieg und der Anwendung von Gewalt alle patriotischen und nationalistischen Attitüden ablehnte, zu einer Begeisterung für Stalins Krieg inspirieren sollte. Nebenbei macht Graf auf die Bedeutung der Beiträge von Maxim Gorki und Thomas Mann zur Deutung der Schriften Tolstois aufmerksam. Für ihn ist Tolstoi der Schriftsteller, der den Zusammenbruch und Betrug des bürgerlichen Sittlichkeitsanspruchs anprangert, und er betont die Bedeutung des christlichen Gedankenguts für Tolstois Wesen und Ansichten. Sein Widerstand gegenüber der Brutalität der zaristischen Herrschaft stelle einen wichtigen ersten Schritt auf dem Weg zur Begründung des sowjetischen Staats dar:

Tolstoi hat wie kein anderer vor und nach ihm die Brüchigkeit der bürgerlichen Gesellschaft und die hohle Verlogenheit ihrer

---

[31] Vgl. Essays 2 (Anm. 30), S. 83.
[32] Siehe »Tolstoi als weltgeschichtliches Ereignis. Kleine Notiz zu seinem 50. Todestag«: Sie erschien zunächst in *Aufbau* (New York) 26 (16.12.1960), Beilage »Der Zeitgeist«. Zur Bedeutung von Tolstoi für Graf siehe auch Pfanner (Anm. 1), S. 112–13.

Moral entlarvt; erst er hat durch seine mächtig einhämmernden Anklagen und Angriffe die brutale Willkürherrschaft des Zarentums erschüttert und vor allem den Staat als eine Institution des Unrechts und der Ausbeutung ins Wanken gebracht; durch ihn – den unpolitischen, urchristlichen Anarchisten – wurde überhaupt zum erstenmal in Millionen Menschen inner- und außerhalb Russlands das Bewußtsein erweckt, daß all diese scheinbar unzerstörbaren, wie von ewig her bestehenden Einrichtungen abschaffbar sind. Der Sowjetstaat und besonders die bolschewistische Partei haben allen Grund, ihn nicht nur als den größten russischen Dichter zu feiern. Er war, obgleich Lenin seine Lehren stets als »reaktionär«, »närrisch« und »lächerlich« geißelte, ihr stärkster und wirksamster Helfer im Kampf um die Macht.[33]

Graf erinnert seine Leser an den großen Einfluß Tolstois auf wichtige Figuren des zwanzigsten Jahrhunderts wie zum Beispiel Mahatma Gandhi während seines Aufenthalts in Südafrika und bedauert, daß es 1960 niemanden mit einer ähnlichen Ausstrahlungskraft gibt, der sich für die anti-atomare Protestbewegung einsetzt.

Die Ablehnung der Atombombe ist zusammen mit der Angst vor einem Dritten Weltkrieg und den bösen Auswirkungen des Kalten Krieges eine der bedeutenden Streifragen, bei der Graf und Mann einer Meinung und aktiv in Protestbewegungen involviert sind. In »Meine Zeit« schrieb Thomas Mann:

> Das Bild des heißen Krieges malt niemand sich aus. Dasjenige des chronischen kalten haben wir vor Augen und sehen, daß er zerstört, was er bewahren will: die Demokratie. Denn sie unterliegt der Versuchung, den Teufel mit Beelzebub auszutreiben und den Faschismus zum Waffengefährten zu nehmen, ihn zu stützen und wieder großzuziehen ...[34]

In einem Brief vom 21.1.1951 an seine Tochter Elisabeth Mann-Borgese bezeichnete Mann diesen Vortrag launischerweise als

---

[33] Vgl. Graf, An manchen Tagen (Anm. 23), S. 149.
[34] Vgl. Meine Zeit. (Vortrag gehalten in der Universität Chicago Mai 1950) In: Meine Zeit (Anm. 19). S. 160–182, hier S. 178–179.

»simpel und treuherzig«, aber wir wissen, daß die darin erhaltene Stellungnahme in seinen eigenen Augen eine grundsätzliche Bedeutung besaß.[35] Im letzten Jahr seines Lebens schrieb auch Graf am 3.6.1966 einen offenen Brief an Papst Paul Vl., in dem er um Unterstützung für seine eigene Aufforderung zum Weltfrieden warb.[36]

Graf behauptet, seine erste Bekanntschaft mit den Schriften Tolstois als junger Bäckerlehrling noch zu Hause in Berg vor seiner Flucht nach München im Herbst 1911 gemacht zu haben. Sicher aber wurde die erste Bekanntschaft durch seine späteren Kontakte mit den Schwabinger Anarchistenkreisen um Gustav Landauer und Erich Mühsam vertieft, die sich 1918/19 unter den führenden Figuren der Bayerischen Sowjetrepublik befanden und über die Thomas Mann in seinem Tagebucheintrag vom 8.11.1918 schrieb: »München, wie Bayern, regiert von jüdischen Literaten«, »[...] Judenbengel«, [...] »Es handelt sich so gut wie ausschließlich um Juden.«[37]

Es waren ganz gewiß Tolstois Interesse am Volk und dessen Einsatz für das Volk – im Gegensatz zu einer offenen politischen Nähe zu den Massen –, die Graf anzogen. Dies sollte später einen wesentlichen Aspekt seiner eigenen politischen und literarischen Interessen bilden. Am Ende der zwanziger Jahre oder zu Beginn der dreißiger Jahre plante er offensichtlich ein Buch über Tolstoi, verlor aber alle diesbezüglichen Aufzeichnungen, als die Gestapo nach seiner Flucht aus Deutschland 1933 seine Münchner Wohnung in der Hohenzollernstraße 23 ausplünderte. In New York nahm er den Plan um 1940 erneuert auf und bat Thomas Mann, der sich mehr als nur höflicherweise für sein Projekt interessierte, eine Bewerbung um eine finanzielle Unterstützung durch die Guggenheim-Stiftung zu unterstützen.[38] Am Ende seiner Antwort auf Grafs oben erwähnte Geburtstagsgrüße sagt Thomas

---

[35] Vgl. Meine Zeit (Anm. 19), S. 485.
[36] Vgl. Graf, Briefe (Anm. 2), S. 337–338.
[37] Vgl. Von deutscher Republik (Anm. 9), S. 350 und S. 140.
[38] Vgl. den Brief vom 27.9.41, in: Graf, Briefe (Anm. 2), S. 159–61: Übrigens schafft es Graf hier opportunistischerweise, kritische Punkte aus seiner Lesung der »Betrachtungen eines Unpolitischen« mit positiven zu verbinden! Mann bemerkt in seinem Tagebuch für den 29.9.41: »Guter Brief von Graf«!

Mann – höflicherweise? –, daß er sich auf Grafs Buch über Tolstoi sehr freue. Dieser führte dann seinen Plan jedoch nicht aus, da 1942 ein Buch von Francois Porché[39] erschien, das ihm den Wind aus den Segeln nahm. Aber manche meinten auch, daß es Graf vielleicht deswegen nicht gelang diesen Plan auszuführen, weil er Tolstoi zu nahe stand und eine zu große Affinität zu alledem empfand, was dieser vertrat: seine Sinnlichkeit, seine große geistige Energie, sein politisch-soziales Gedankengut.

Thomas Mann und Oskar Maria Graf goutieren nicht immer gegenseitig ihre Werke.[40] In einem Brief vom 6.1.1954 an Robert Warnecke findet Graf »Dr. Faustus« überkonstruiert: Das Buch lasse sich nicht gut lesen, aber er schwächt seine Kritik ab, indem er hinzufügt, daß ihm sein eigener Mangel an musikalischem Verständnis die Lektüre des Buchs erschwere.[41] Über ein Jahr später hat er es geschafft, den Roman fertig zu lesen und dann lobt er ihn, aber eher als ein kulturelles Denkmal denn als Literatur, die das freudige Interesse des Lesers packt – ein Fall, könnte man mit Horaz sagen, von zu viel »prodesse« und zu wenig »delectare«. In einem Brief vom 22.10.1949 an Else und Gustav Fischer schreibt Graf, daß er »viel Aufschlußreiches und Köstliches da drinnen« gefunden habe, fährt aber dann fort, er sei:

> doch betroffen, wie schrecklich deutsch in einem recht dunklen Sinn der sich abmühende Thomas Mann geblieben ist. Aber das ist wohl so etwas wie sein innerstes Schicksal, nur deswegen konnte er wahrscheinlich so ein Buch wie den »*Faustus*« schreiben.[42]

---

[39] Es erschien in deutscher Übersetzung als: Leo Tolstoi, Die Wahrheit über sein Leben. Düsseldorf 1954.
[40] Zu Ähnlichkeiten in den literarischen Arbeitsweisen der beiden Schriftsteller vgl. Pfanner (Anm. 1), S. 112, 118–20; Kaufmann (Anm. 1), S. 360, 366-67. Zu Grafs Parodien von Manns Schreibstil siehe Sheila Johnson, Oskar Maria Graf: The Critical Reception of his Prose Fiction (= Studien zur Germanistik, Anglistik und Komparatistik 88). Bonn 1979. S. 420–24, und Johnson (Anm. 1); vgl. auch meinen demnächst erscheinenden Beitrag: »Mittelmaß in New York: Oskar Maria Grafs Roman »Die Flucht ins Mittelmäßige. Ein New Yorker Roman« (im Druck für Revista Runa).
[41] Vgl. Graf, Briefe (Anm. 2), S. 245.
[42] Vgl. Graf, Briefe (Anm. 2), S. 224.

Ein paar Jahre später nennt er das Buch in einem Brief vom 16.12.1954 an die selben Adressaten »großartig mißlungen« und lobt es gleichzeitig.[43]

Für Thomas Mann dagegen mangelte es Grafs neuem, zunächst 1949 unter dem Titel »Die Eroberung der Welt« erschienenen Roman, den ihm Albert Einstein als ein Muß empfohlen hatte und der später 1959 unter dem neuen, heute geläufigen Titel »Die Erben des Untergangs« neu gedruckt wurde, an künstlerischer Struktur und er fand ihn deswegen uninteressant. Schon nach ein paar Stunden beendet er die Lektüre.[44]

Es gab kleinere Irritationen, die durch ihre unterschiedlichen Persönlichkeiten bedingt sind. In einem Brief vom 10.6.1940 an das Komitee der GAWA, den er dann nie abschickte, kritisiert Graf Manns Eitelkeit und Empfindlichkeit während der Auseinandersetzungen mit der Organisation der Exilanten, aber er ist andererseits vorsichtig genug ihn nicht zu brüskieren.[45] Zu diesem Zeitpunkt ist seine Kritik an Manns Einstellung heftig, aber gegen Ende des Jahres 1943 zeichnet sich bei ihm eine eindeutig freundlichere[46] Einstellung gegenüber Manns Verhalten ab.

Es ist interessant zu sehen, auf welche Weise die beiden Autoren das Schiller-Jahr von 1955 feiern. Auf der einen Seite haben wir Manns eindrucksvollen und sehr unterhaltsamen Essay »Versuch über Schiller, seinem Andenken in Liebe gewidmet«, der meiner Meinung nach immer noch eine der feinsten Schiller-Interpretationen überhaupt darstellt. Dieser Essay ist in jedem Sinne bemerkenswert, aber ganz besonders auch dann, wenn man das Alter und den damaligen körperlichen Zustand des Autors in Betracht zieht. Manns Beschluß, den Vortrag in bei-

---

[43] Vgl. Graf, Briefe (Anm. 2), S. 256; siehe auch »Kleiner Dank an Thomas Mann zu seinem achtzigsten Geburtstag«, in: Graf, An manchen Tagen (Anm. 23), S. 260.
[44] Siehe »P. P. Sonntag, den.13.XI.49: Saß im Garten mit Grafs Zukunftsroman, der mich durch seinen Mangel an jedem künstlerischen Reiz langweilt«. In: Inge Jens (Hg.), Tagebücher 1949–50. Frankfurt/M. 1991. S. 126.
[45] Vgl. Graf, Briefe (Anm. 2), S. 146–52.
[46] Siehe den Brief vom 24.11.1943 an Kurt Kesten: vgl. Graf, Briefe (Anm. 2), S. 177.

den Teilen Deutschlands zu halten, hat Graf besonders gutgeheißen.[47] Manns Empathie mit der Figur des Dramatikers und seine eigene Einsicht in die Bedeutung des Schriftstellers bei der Gestaltung seines Stoffes belegen wieder einmal, wie wichtig für Thomas Mann das Autobiographische ist:

> Ja, es gibt die Kunst eigentlich gar nicht, es gibt nur den Künstler und sein persönliches Arrangement mit ihr, worin er dann, eben weil es sein eigen ist, notwendig »eine gewisse Excellence« bewährt.[48]

Bei seiner Diskussion von »Wilhelm Tell« zeigt Mann, daß er ein klares Verständnis für die Bedeutung der Begriffe »Volk« und »volkstümlich« besitzt.[49]

Wenn man überlegt, daß Schiller in der deutschen Kultur des neunzehnten Jahrhunderts als ein Vertreter der Aufklärung und des Anti-Hierarchischen anzusehen ist, kann man den Berührungspunkt zwischen Manns souveränem Schiller-Text und Grafs kurzer Reminiszenz »Erste Begegnung mit Schiller. Eine Jugenderinnerung« erkennen. Graf erzählt darin, wie der Grundschullehrer des Dorfes feierlich den Schillertag vom 9.5.1905 begeht. Der elfjährige Graf wird durch diese Feierlichkeit und auch dadurch stark beeindruckt, was der Lehrer der Klasse in Bezug auf »Wilhelm Tell« erzählt:

> Merkt euch das besonders genau, als armer, geknechteter Mensch fing Schiller an, alle Ungerechtigkeit und Fürstenwillkür zu bekämpfen. Der schwächliche, kranke Mann hat keine andere Macht gehabt als sein Talent und einen festen Charakter. Diese beiden Eigenschaften haben ihn mächtiger gemacht als alle Fürsten und Reichen auf der Welt. Er hat geglaubt, daß es ein ewiges Recht für jeden Menschen gibt, ganz gleich wie klein und arm dieser Mensch auch sein mag.[50]

---

[47] Zu der Einstellung beider Schriftsteller zur Frage der beiden Teile eines geteilten Deutschlands vgl. Pfanner (Anm. 1), S. 114.
[48] Vgl. Meine Zeit (Anm. 19), S. 290–371, hier S. 366.
[49] Vgl. Meine Zeit (Anm. 19), S. 338–340.
[50] Der Text erschien zuerst in *Aufbau* (New York) 21 (6.5.1955); vgl. An manchen Tagen (Anm. 23), S. 114–120, hier S. 118. – Vgl. in diesem Jahrbuch S. 79–87.

Bewegt durch diese Ausführungen gibt sich der junge Graf vor seinen buchlosen Klassenkameraden als Buchleser zu erkennen und gewinnt dadurch eine gewisse Zuneigung seines Lehrers, der ihm von nun an weniger Ablehnung entgegenbringt. Die Ausführungen des Lehrers enthalten im Grunde vieles, was später Grafs eigene politische und literarische Einstellung kennzeichnet.

In diesem kurzen Text zeigt sich auch eine offenkundige Tatsache, nämlich die unterschiedliche soziale Herkunft der beiden Schriftsteller. Diese Tatsache ist überall spürbar, auch auf bewegende Weise in der Darstellung ihrer jeweiligen Mütter. Im kurzen Prosatext »Das Bild der Mutter«[51] diskutiert Mann die Motive der Musikalität und des Weither-Seins als die einzigen Charakteristika, die seine eigene Mutter mit den in seinen Werken vorkommenden Müttern verbinden. Was bei diesen Erinnerungen an seine Mutter, die sechs Jahre vorher verstorben war, auffällt, ist die Erwähnung ihrer Schönheit aufgrund ihrer brasilianischen Herkunft und besonders der Eleganz ihrer musikalischen Fähigkeiten, denen Mann seine eigene Affinität zur Musik zuschreibt. Seine Mutter versuchte, so sagt er, trotz ihrer sozial bedingten gesellschaftlichen Verpflichtungen einen engen und warmen Kontakt zu ihren Kindern zu pflegen. Das Bild seiner Mutter, schreibt hingegen Graf in seinem etwa zehn Seiten langen»Prosastück, »Das sinnvollste Beispiel«,[52] hat ihn im Laufe der durch das Exilleben in der Diaspora verursachten Schwierigkeiten stets getröstet:

> Ich sehe sie nicht als irgendeine verschwommene Idealgestalt, etwa so, wie manche Dichter und Maler, ›gütige Mütter‹ darzustellen belieben. Ich kann ihr nichts hinzu- und nichts wegdenken, und es ist eigentümlich, daß in den lang-langen

---

[51] Es erschien zunächst 1930 in der *Illustrierten Leipziger Zeitung*; vgl. Gesamtausgabe XI. Frankfurt/M. 1960, S. 420–423. Hierzu siehe auch Pfanner, (Anm. 1). S. 106–107.

[52] Es erschien zunächst in *Die Frau* 12 (Dezember) 1933, interessanterweise, nachdem Graf aus München geflohen war, und später häufig in unterschiedlichen Kontexten: vgl. Helmut F. Pfanner, Oskar Maria Graf. Eine kritische Bibliographie. Bern, München 1976, S. 118, 122–123, 125, 127–129, 131, 147–148, 150–152 et passim.

Jahren des Exils, das nun zu einer konstanten Diaspora auszureifen beginnt, die Erinnerungen und Vorstellungen meiner Heimat langsam ausblassen. Das Bild meiner Mutter dagegen verlor nichts an lebendiger Leuchtkraft und blieb unwandelbar.[53]

Die einfache und tiefe Frömmigkeit von Therese Heimrath (†1934), der fleißigen Bauerntochter aus Aufhausen – »Die Schlechtigkeit ist nicht umzubringen, bloß *wir* dürfen nicht schlecht werden«[54] –, die Max Graf, den etwas suspekten und energischen jungen Mann mit Ideen, geheiratet hatte, der später zum erfolgreichen Bäcker von Berg wurde, erhielt ihr eindrucksvolles Denkmal in »Das Leben meiner Mutter«.[55] Dieses eindrucksvolle oberbayrische Erinnerungsdokument gründet in seinem tiefen, im Laufe der Jahre zunehmenden Bedürfnis, sich entfernt von seiner eigenen Sprachgemeinde, wo allein literarische Werke eine Resonanz finden und geben können, an seiner Muttersprache oder genauer gesagt an der Sprache seiner Mutter festzuhalten. »Den Tod fürchtete sie, das Sterben war unheimlich. Besser, man werkelte über dieses Fürchten hinweg. Arbeit war ihr ein und alles. Arbeit war Leben.«[56] Für ihren Sohn ist sie auch die beste Vertreterin der einfachen, normalen Menschen, zu denen er eine so enge Verbindung empfand.

Thomas Mann und Oskar Maria Graf unterscheiden sich 1933 zunächst bei ihrer Reaktion auf die Teilnahme der NSDAP an der Regierung. Im Exil in der Schweiz schien Thomas Mann, der schon 1921 vom »Hakenkreuz-Unfug« als einem »plumpen populären Ausdruck« der Situation unmittelbar nach dem Ersten Weltkrieg« gesprochen hatte,[57] zunächst in seiner Kritik

---

[53] Vgl. An manchen Tagen (Anm. 23), S. 319.
[54] Vgl. An manchen Tagen (Anm. 23), S. 323.
[55] Es erschien zunächst 1940 auf Englisch in New York als »The Life of my Mother. A Biographical Novelle«. Siehe John Margetts, Oskar Maria Graf: The Centenary of a ›Bavarian Balzac‹. London German Studies VI (1998). S 337–66, hier S. 348–49.
[56] Vgl. An manchen Tagen (Anm. 23), S. 321.
[57] Vgl. Zur jüdischen Frage, Essays 2 (Anm. 9), S. 85–95, hier S. 93. Ursprünglich wurde der Text für *Den Neuen Merkur* vom August 1921 verfaßt, aber Mann hat dann die Druckerlaubnis zurückgezogen, vgl. S. 327.

eher reserviert, um, wie behauptet wurde, den Verkauf seiner Bücher in Deutschland nicht zu stören.[58] Im starken Gegensatz hierzu hat Graf, nachdem er erfuhr, daß seine eigenen Bücher nicht in der Liste der Werke der von der NSDAP verunglimpften Autoren standen, seinen offenen Brief »Verbrennt mich!« in der Wiener *Arbeiter-Zeitung* vom 12. Mai 1933 veröffentlicht,[59] um damit seine Solidarität mit den Autoren auszudrücken, deren Bücher in der Autodafé vom 10. Mai 1933 verbrannt wurden. Danach aber teilten Graf und Mann eine feste und offene politische Ablehnung der nationalsozialistischen Regierung, was dazu führte, daß Graf, als er die GAWA gründete, sofort Thomas Mann bat, die Ehrenpräsidentenschaft des Vereins zu übernehmen. Um 1940 herum ist Graf zunächst über Manns, aus seiner Sicht, schwankendes Verhalten nicht sehr glücklich, aber um 1943/44 ist er von der enormen moralischen Kraft und Wirkung von Manns Widerstand gegenüber den Nationalsozialisten als einem Vertreter der »anderen Deutschen« vollkommen überzeugt.

Bei den meisten internationalen politischen Fragen nach 1945 sind Graf und Mann einer Meinung und beide beschließen, nicht in die Bundesrepublik Deutschland zurückzukehren, um sich dort niederzulassen.[60] Mann hatte die amerikanische Staatsbürgerschaft 1944 erhalten, aber Graf bekam sie aus verschiedenen Gründen erst 1958. Sie standen beide der durch den Kalten Krieg verseuchten, deutschen Welt sehr kritisch gegenüber. Graf ist zum Beispiel entsetzt zu erfahren, daß die Münchner Stadtbehörden Thomas Mann eine Rechnung für die Unkosten zuschickten, die beim Abbruch der Ruine von Manns durch die Nazis zwangsenteigneter Villa in der Poschingerstraße entstanden waren.[61]

---

[58] Vgl. Grafs Brief vom 10.6.40 an das Komitee der GAWA, den er aber nicht abschickte: Briefe (Anm. 2), S. 146, 148. Siehe auch oben Anm. 45.

[59] Vgl. An manchen Tagen (Anm. 23), S. 14-17. Der Brief steht oft in Anthologien von Grafs Werken.

[60] Vgl. Mann, Warum ich nicht nach Deutschland zurückgehe. Antwort auf einen Brief Walter von Molos in der deutschen Presse. In: Meine Zeit (Anm. 19). S. 33-42; dieser Text erschien zunächst in: *Aufbau* (New York). 29.9.1945; und in Grafs verschiedenen Briefen.

[61] Vgl. Graf, Briefe (Anm. 2), S. 262 (den Brief vom 3.11.55 an Robert Warnecke), S. 276 (den Brief vom 30.7.1957 an Lion Feuchtwanger).

Während Thomas Mann glaubt, daß das ganze deutsche Volk an den zwölf Jahren nationalsozialistischer Herrschaft schuld sei und dafür zur Verantwortung gezogen werden sollte,[62] lehnt Graf die Schuld aller Deutschen ab, indem er bemerkt, daß eine solche Auslegung der Schuldfrage dazu führe, keine Unterscheidung zwischen einem Hitler oder Himmler auf der einen und einem Thomas Mann auf der anderen Seite machen zu können.[63]

Politisch gesprochen könnte man sagen, daß Thomas Mann zwischen dem Ende des Ersten Weltkriegs und jenem des Zweiten Weltkriegs eine Reise auf ein Ziel links von der Mitte gemacht hatte, wo ihn ein politisch links stehender Autor wie Oskar Maria Graf mit offenen Armen willkommen hieß. Dieser war nie Mitglied der Sozialdemokratischen noch der Kommunistischen Partei geworden. Bis zu einem gewissen Grade war er einer seiner oberbayrischen Heimat verwurzelten römisch-katholischen Pietät treu geblieben und hatte zuweilen heftige Kritik an Manns früheren politischen Ansichten geübt. Nach seinem Tod stellte ihn Graf als eine Weltfigur in eine Reihe neben Mahatma Gandhi und Albert Einstein, wie er am Ende seiner im Hunter College gehaltenen Lobrede sagt:

> Und da habe ich nun, mehr mir selber als Ihnen, faßbar zu machen versucht, was für immer unvergesslich und groß an ihm bleiben wird und merke – es ist fast nichts. In meinem Innersten aber weiß und empfinde ich, daß nach Gandhi und Einstein mit ihm etwas Unwiederbringliches aus unserer Welt und Zeit wegschwand, das für mich stets die stärkende Luft meines Trachtens und Strebens, das Ferment meines Lebens und Herzens war.[64]

---

[62] Vgl. Die deutschen KZ. In: Meine Zeit (Anm. 19), S. 11–13. Dieser Text war zunächst eine am 8.5.1945 gesendete Rundfunkansprache und erschien dann in: *Frankfurter Presse*. Alliiertes Nachrichtenblatt 4 (10.5.1945).

[63] Vgl. Das deutsche Volk und Hitlers Krieg. In: Oskar Maria Graf, Reden und Aufsätze aus dem Exil. Helmut F. Pfanner (Hg.). München 1989. S. 200–35, hier S. 209; dieser Vortrag wurde am 24.2.1944 bei einer Sitzung der German-American Anti-Axis League im Social Gymnasium von Chicago gehalten; Graf, Briefe (Anm. 2), S. 194–95 (der Brief vom 9.2.1946 an Hubertus Friedrich, Prinz zu Loewenstein).

[64] Vgl. An manchen Tagen (Anm. 23), S. 275–76.

In einer solch hehren, für das zwanzigste Jahrhundert prägenden Gesellschaft wurde Thomas Mann – wenigstens in den Augen Oskar Maria Grafs – zu einem modernen Autor in einer nachklassischen Welt.[65]

---

[65] Für die sprachliche Durchsicht dieses Beitrags möchte ich wie immer Karin Herrmann, Goethe-Institut, sehr herzlich danken.

III. Oskar Maria Graf und die Jubiläen 2005

Ulrich Kaufmann
»Der schönste Tag mit Schiller«
Oskar Maria Grafs Begegnungen mit einem Klassiker

Der von Graf hochgeschätzte Thomas Mann erinnert sich in seinem »Lebensabriss« (1930) an eine fünf Jahre zurückliegende Wiederbegegnung mit seinem Deutsch-, Latein- und Klassenlehrer in Lübeck. »Dem schlohweißen Emeritus sagte ich, natürlich hätte ich immer den Eindruck eines vollendeten Tunichtgutes gemacht, hätte aber im stillen von seinen Stunden sehr viel gehabt. Zum Beweis wiederholte ich ihm die stehende Redensart, mit der er uns Schillers Balladen als unvergleichliche Lektüre anzupreisen pflegte: ›Das ist nicht das erste – beste, was Sie lesen, es ist das Beste, was Sie lesen können!‹ – ›Habe ich das gesagt?‹ rief er und freute sich sehr.«[1]

Die frühe Lektüre von Schiller-Texten prägte für Generationen den Schulunterricht, auch an der Wende vom 19. zum 20. Jahrhundert. Zum Schiller-Jubiläum 1905 hat Thomas Mann mit seiner im *Simplicissimus* erschienen Erzählung »Schwere Stunde« beigetragen. Die nächtliche Stunde des in Jena mit dem »Wallenstein«-Stoff und der Krankheit ringenden Dichters trägt Züge eines Selbstporträts. Vielleicht hat Thomas Mann auch deshalb Schillers Namen im Text nicht genannt. Andere Dichter wie Richard Dehmel (»Radlers Seligkeit«) und Ludwig Thoma (»Andenken an Schiller 1905«) reagierten gleichfalls auf den 100. Todestag des Klassikers. Die erstarkende SPD bemühte sich zu jener Zeit, dem bürgerlich-liberalen Schiller-Bild ein eigenes entgegenzusetzen. Franz Mehrings Schiller-Biografie (in der Reihe »Lebensbilder für deutsche Arbeiter«) war ein wesentlicher Beitrag dazu. Ein Abgeordneter aus Mehrings Partei namens Hildebrandt sagte während eines Festakts 1905 in Schillers Geburtsland Schwaben: »Wenn heute alle Teile des Volkes an der Erinnerungsfeier sich beteiligen, so beweist das,

---

[1] Thomas Mann, Lebensabriß. In: Mann. Zeit und Werk. Berlin und Weimar 1965, S. 385.

daß das Leben die Schule vielfach ergänzt hat. In den Schulen des niederen Volkes hat man den Geist Schillers bis jetzt nicht lebendig werden lassen. Er ist den Kindern der höheren Schulen vorbehalten geblieben.«[2] Graf hat aus beträchtlicher zeitlicher Distanz zu dieser These einen möglicherweise singulären, des Erinnerns werten Gegentext geliefert.

Erst zu Beginn der fünfziger Jahre hat Oskar Maria Graf davon berichtet, daß seine Liebe zur Literatur im Allgemeinen und zu Friedrich Schiller im Besonderen nicht zuletzt auf seinen Dorfschullehrer Karl Männer zurückging. Diesem Schiller-Verehrer hat er in dem, seiner »geliebten« Schwester Nanndl gewidmeten Band »Mitmenschen« (welcher 1950 im Berliner Aufbau-Verlag erschien) ein 35 Druckseiten umfassendes literarisches Denkmal gesetzt. Am 8. November 1959 erschien aus Anlaß des 200. Schiller-Geburtstags in der *Frankfurter Rundschau* ein Teilabdruck daraus unter dem Titel »Der schönste Tag mit Schiller«. Diesen Part, der den Höhe- und Schlußpunkt des besagten Lehrerporträts bildet, hat Graf zu Beginn der sechziger Jahre gleich doppelt in seine Sammlungen aufgenommen. In seinem erstem Essayband »An manchen Tagen« (1961) findet sich der Text »Erste Begegnung mit Schiller«. Ein Jahr später kam die Sammlung »Größtenteils schimpflich« heraus, die an den Band »Dorfbanditen« von 1932 anknüpft, und an deren Ende die Erinnerung »Der Schillertag« steht. (Zitiert wird im Folgenden aus der Version, die Graf in den Band »An manchen Tagen« aufnahm. Auf Abweichungen, von einigem Gewicht in anderen Drucken, wird gelegentlich verwiesen.)

Graf schildert in seiner Jugenderinnerung, wie er als fast Elfjähriger den 9. Mai 1905, Schillers 100. Sterbetag, erlebt hat. Der Lehrer Männer, sonst ein sonderbar verschlossener Mann, erschien »sorgfältig gekleidet wie ... zur Prüfung in seinem besten Cutaway«. Auch das Schulzimmer war in einem »festlichem Aufputz«. »Und was war denn das für ein Bild zwischen den zwei großen Rosensträußen auf dem Katheder? Es zeigte ein et-

---

[2] Zitiert nach: W. Hagen, Die Schillerverehrung in der Sozialdemokratie. Zur ideologischen Formation proletarischer Kulturpolitik vor 1914. Stuttgart 1950. S. 156. Vgl. auch Wilfried Bütow, Schwierigkeiten mit einem Klassiker – wie lebendig war und ist Schiller? In: Deutschunterricht April 2/2005. Braunschweig. S. 4–12.

was vorgebeugtes, hageres Gesicht mit einer spitzen, scharf vorspringenden Hakennase und großen Augen, einer hohen Stirn und dichten, langen, nach hinten gekämmten Haaren. Da, wo der hohe, altmodische Mantelkragen den schlanken Hals frei ließ, stand das weiße Hemd offen.

Sprachlos und verblüfft musterten wir das sonderbare Bild, das eine unleserliche Unterschrift hatte, und stumm rätselten wir herum, ob das nun einen Mann oder eine Frau darstellen sollte.«[3] Erste Ahnungen kommen bei Oskar auf, das Bild »schon irgendeinmal gesehen« zu haben.

Pathetisch setzt Männer zu seiner Jubiläumsrede an: »...›ich will euch erzählen, wer Friedrich von Schiller war, was er uns für schöne, unvergessliche Werke hinterlassen hat, und wie wir ihm am besten dafür danken können‹.« Noch bevor der Schulmeister sein Schiller-Porträt zu zeichnen beginnt, gibt sein ehemaliger Schüler bereits sein Urteil ab. »... ich kann mir nicht helfen – ich habe nie wieder so eindringlich, so plastisch und hingerissen über einen Dichter reden hören!« (S. 128)

Schillers Werdegang, den Männer schülergerecht schildert, kann hier nicht detailliert wiedergegeben werden. Es ist auch unerheblich, ob sich in die Darstellung des Lehrers zu Schillers Vita die eine oder andere Ungenauigkeit eingeschlichen hat. So ist es zwar richtig, daß Schiller erst 1802 geadelt wurde. Zu dieser Zeit aber war der Dramatiker, der seit 1799 in Weimar lebte, kein Jenaer Professor mehr. Bei Schillers Freund und Gönner handelt es sich auch nicht um Theodor Körner, sondern um dessen Vater Christian Gottfried Körner. (In eine DDR-Fassung von »Größtenteils schimpflich« [1974] hatte sich dieser Fehler eingeschlichen.) Wesentlicher ist es, daß es Männer versteht, seinen Schülern, die meist aus einfachen Verhältnissen kommen, Schiller als einen der Ihren nahe zu bringen. »Friedrich von Schiller war also nicht das Kind von feinen Herrschaften«, fuhr Männer geruhiger fort, »er war arm und von früh auf sehr mager und kränklich ... Es zeigte sich auch bald, daß es auf der Karlsschule gar nicht so sehr aufs Lernen ankam, die Hauptsache war, daß einer recht schmeicheln und kriechen konnte vor den Lehrern und dem Herzog.« (S. 129)

---

[3] Oskar Maria Graf, Erste Begegnung mit Schiller. In: An manchen Tagen – Reden, Gedanken und Zeitbetrachtungen. Frankfurt/M. 1961, S. 126.

Erneut wird an dieser Stelle der Erzählung angedeutet, daß es sich für den Volksschüler Oskar Graf keineswegs um den ersten Kontakt mit dem Klassiker handelt, wie der Titel »Erste Begegnung mit Schiller« glauben macht: »In mir brannte alles. Ich hatte das alles schon gelesen.« (S. 129)

Männers beeindruckende Festrede, in der er besonders auf Schillers »Lied von der Glocke« sowie auf die Dramen »Kabale und Liebe« und »Wilhelm Tell« einging, kulminiert in folgenden Sätzen. »... als armer, geknechteter Mensch fing Schiller an, alle Ungerechtigkeit und Fürstenwillkür zu bekämpfen. Der schwächliche, kranke Mann hat keine andere Macht gehabt als sein Talent und einen festen Charakter. Diese beiden Eigenschaften haben ihn mächtiger gemacht als alle Fürsten und Reichen auf der Welt. Er hat geglaubt, daß es ein ewiges Recht für jeden Menschen gibt, ganz gleich, wie klein und arm dieser Mensch auch sein mag.« (S. 131)

Anschließend bietet der Schulmeister jedem seiner Schüler eine 20 Pfennig kostende Schiller-Broschüre des »königlichen Ministeriums« zum Kauf an. Für die Fassung von »Größtenteils schimpflich« hat Graf noch folgenden bösen Satz eingefügt: »Auffällig ist es mir gewesen, daß sich sogar die Dümmsten an den Katheder gedrängt haben und jeder eins wollen hat.«[4]

Welcher Schulmeister befand sich noch nicht in Männers Rolle und versuchte seine Klasse für große Autoren zu begeistern? Wem aber gelang es, wie ihm – allerdings vor 100 Jahren – eine ganze Gruppe zu erreichen?

Grafs Schiller-Text hat gewissermaßen eine doppelte Pointe. Zunächst nutzt der Lehrer die Begeisterung seiner Schüler für den Dichter aus Schwaben, um einen Vorschlag zu machen. »Wir wollen von heute ab eine Schulbibliothek einrichten ... Jeder von euch hat in der Woche zwanzig Pfennig zu entrichten, fragt eure Eltern, und wenn wir genug Geld haben, werden dafür Bücher bestellt, die ihr bei mir ausleihen könnt ...« (S. 132) Oskar erfährt in der Schule durch seinen Lehrer Männer Leseförderung – genau das, was ihm wenige Jahre später in den eigenen vier Wänden verwehrt werden sollte.

---

[4] Graf, Größtenteils schimpflich. Berlin und Weimar 1974, S. 216.

Abschließend schildert uns Graf den »stolzesten Augenblick« seiner Jugend. Auf die von Männer in »Hochstimmung« gestellte Frage, wer denn zu Hause bereits eigene Bücher besitze, antwortet der Bäckersohn mit hochrotem Kopf, »übereifrig und keck«: »Ich, Herr Lehrer! ... Ich habe das, was Sie uns heute erzählt haben, alles schon gelesen ... Ich habe schon neunzehn Bücher, drei vom Schiller ...« (S. 132)

Im Jahre 1927 erschien Oskar Maria Grafs vielbeachtete, auch von Thomas Mann hochgeschätzte Autobiografie »Wir sind Gefangene«. Dort erzählt Graf gleich eingangs, wie er sich – angeregt durch seinen literaturbesessenen Bruder Maurus – in frühester Jugend eine Bibliothek aufzubauen versucht. Dies mußte heimlich geschehen, da nach dem Tod des Vaters (1906) der herrschsüchtige und amusische Bruder Max das Regime im Hause der Bäckerfamilie Graf übernommen hatte. Zunächst wurden die Bücher durch Oskar und seine Schwester Nanndl aus Sicherheitsgründen beim Schuster deponiert. »In der Zeitung lag ein Verlagsprospekt von Bongs Klassikerausgaben. Die Bücher waren darauf abgebildet und sahen sehr bedeutend aus. Wir überlegten. Etliche Brotgänge reiften den Entschluß. Wir scharrten Geld zusammen, Nanndl ihre Trinkgelder und ich meine Wochenlöhne. Dann bestellten wir wieder an die Adresse unseres Schusters, Schillers Werke, dann Lessing, Petöfi, Mörike, Lenau und Grabbe.«[5] Als die Bibliothek größer wurde, schlug der erfinderische Oskar vor, ein Geheimfach für die Bücher zu bauen. Die Literatur war für Nanndl und Oskar zum Fluchtort, zur Gegenwelt des strengen Arbeitsregimes unter dem ungeliebten Bruder Max geworden. Friedrich Schiller stand in ihrer Lesergunst mehrfach an vorderster Stelle. Selbstironisch blickt Graf zurück: »Wir begeisterten uns. Der Klang der Worte berauschte uns. Viele, viele Verse konnte ich zuletzt auswendig, Schillers Glocke rann mir bloß so von den Lippen. Und eines Tages las ich Nanndl mein erstes Gedicht vor. Selbstverständlich sagte ich es mit einem solchen Pathos, daß alle anderen Dichtwerke nur noch wie klägliche Versuche waren, und natürlich wirkte das. Nanndl lobte es sehr. Ich verglich es mit Uhland, mit

---

[5] Graf, Wir sind Gefangene. München 1927, S. 30–31.

Schiller und fand es mindestens so schön.«⁶ Eines Tages wurde die heimliche Bibliothek entdeckt und Oskar Graf bezog von seinem ältesten Bruder eine Tracht Prügel. Das Kapitel III (»Die Flucht«) endet damit, daß der Ich-Erzähler nunmehr entschlossen ist, seine dörfliche Kindheit im oberbayrischen Berg hinter sich zu lassen und in die Stadt München zu gehen (1911).

Als Graf kurz darauf in die Boheme- und Anarchistenkreise um die Gruppe »Tat« geriet, erhielt seine Begeisterung für Schiller einen Bruch. Namentlich die Bekanntschaft mit dem sechs Jahre älteren Dichter Franz Jung (1888–1963) trug dazu bei. »Er kam fast täglich. Mir war er rätselhaft; alles, was er sagte, klang fremdartig für mich, warm wurde ich nicht bei ihm. Er sah sich meine Bücher an, wetterte über Schiller und sagte ich solle mitkommen. Er lächelte ein wenig schief und meinte spöttisch: ›Was braucht man heut noch Schiller! ... Alles Blödsinn!‹ Ich ging mit. Er verkaufte die Bücher, nahm mich in eine Wirtschaft mit und vertrank mit mir das Geld.«⁷ An anderen Tagen kamen auf diese Weise Bücher von Heine, Lessing und Lenau in die »Antiquariatsbuchhandlung«. »Klassikerlesen« und »Revolutionär« sein wollen, vertrug sich nach Meinung seines damaligen »Mentors« nicht.

Interessant dürfte nun sein, ob Friedrich Schiller, der den jungen Autor so beeindruckte, auch in den folgenden Jahrzehnten bei Graf hier und da Wirkungsspuren hinterlassen hat. Dies kann im Folgenden nur schlaglichtartig betrachtet werden. Zu Beginn der zwanziger Jahre war Graf bekanntlich Dramaturg eines Münchner Arbeitertheaters, der »Neuen Bühne«. Aus seiner »Heiteren Chronik« »Wunderbare Menschen« (1927) wissen wir, wie engagiert er sich in seinen Einführungsreden zu den Aufführungen für die kulturell interessierten Arbeiter einsetzte. Nur selten konnte sich der Dramaturg mit seinen Stückvorschlägen gegen den konservativen Theaterleiter Eugen Felber durchsetzen. Graf überliefert, daß »Kabale und Liebe« zu jenen Dramen gehörte, die sich bei den Arbeitern großer Beliebtheit erfreuten.

---

⁶ Ebd. S. 32–33.
⁷ Ebd. S. 81.

In der undatierten, im Exil entstandenen Rede »Zum ›Kultur-Erbe‹«, die für eine amerikanische Schriftstellertagung bestimmt war, erinnert Graf daran, daß die »proletarische, junge revolutionäre Literatur« in der Vernachlässigung des kulturellen Erbes ihren »größten Fehler« gemacht habe. Den Nationalsozialisten kam dies entgegen und so konnten sie sich, meint Graf, leichter der großen Leistungen des Erbes bemächtigen. »Aber gleichzeitig ergriffen die Schrift- und Kunstwarte im Hitlerreich sozusagen Besitz von allen deutschen Kulturgütern von der frühen Gotik bis zur neuen Sachlichkeit. Sie münzten von den Minnesängern über Ulrich von Hutten bis zu Schiller, von den Mystikern über Goethe alles derart schamlos um, daß man in den uneingeweihten Kreisen anderer Länder fast darauf verfiel, zu glauben, diese unsere großen Vorgänger und Lehrer seien ausgemachte Nationalsozialisten gewesen.«[8]

In einer weiteren Rede, die Graf im Februar 1944 in Chicago hielt, zeigt sich, wie genau der Autor kulturelle Prozesse in Nazideutschland verfolgte. Er zeigte am Beispiel Schillers und Lessings auf, wie lange ausgegrenztes Erbe nach und nach »salonfähig« wurde. »Noch nie wurde, wie aus Zeitungen aus dem Dritten Reich hervorgeht, soviel in Konzerte und Klassiker-Aufführungen gegangen wie jetzt, und es ist nicht richtig, daß etwa Schillers ›Don Carlos‹ irgendwie verboten oder zensiert ist, es wird sogar Lessings ›Nathan der Weise‹ wieder gegeben wie jedes klassische Stück vor 1933!«[9]

In der »Süddeutschen Zeitung« vom 3. und 4. Juni 1967 erschien die letzte Arbeit Oskar Maria Grafs zu seinen Lebzeiten. Es war die Einleitung zu einer Anthologie seiner Lieblingsgedichte, welche Graf nicht mehr abschließen konnte. Aufschlußreich ist, daß der Volksschriftsteller Graf hier nochmals indirekt auf Schiller und dessen Volkstümlichkeit zu sprechen kommt. Den Anlaß liefern ihm die Wahlkampfreden von Günther Grass. Bereits im Januar 1966 hatte Graf dem Autor der »Blechtrommel« brieflich diesbezüglich seine kritischen Einwände mitge-

---

[8] Graf, Zum »Kultur-Erbe«. In: Helmut F. Pfanner (Hg.), Reden und Aufsätze aus dem Exil. München 1989. S. 193.
[9] Graf, Das deutsche Volk und Hitlers Krieg. In: Reden und Aufsätze. A. a. O., S. 212.

teilt. Anderthalb Jahre später schreibt Graf: »Die geschickt auf volkstümliche Allgemeinverständlichkeit zugeschnittenen, halb literarischen und halb tagespolitischen Wahlreden verpufften sehr rasch und gaben nur der sensationsgierigen Presse reichlich Gelegenheit, sie absichtlich zu missdeuten. Es fehlte diesem ungewohnten Volksredner, der es durchaus ehrlich meinte, sowohl das hinreißende Pathos Schillers wie auch die brutale Direktheit und lapidare Überredungskraft Brechts.« [10]

Friedrich Schiller als Dramatiker, Essayist und Lyriker hat Oskar Maria Graf ein Leben lang beschäftigt. Schiller hat ihn in seiner Jugend, bereits zu Zeiten der Monarchie, geprägt und war ihm Begleiter in den bewegten Jahren der Weimarer Republik. Im Exil verteidigte Graf im Kampf gegen Hitler auch die humanistischen Werte der deutschen Klassik. Und Schiller blieb für den Autor, der aus der Ferne der amerikanischen Diaspora das politische Geschehen in Deutschland verfolgte, bis zuletzt als Bezugsgröße wichtig.

Nachtrag zu Ulrich Kaufmann

Dank des bibliophilen Spürsinns von Frau Christine Brand können wir den verkleinerten Einband der »Schillergabe« von 1905 abbilden, die sehr wahrscheinlich auch der Lehrer Männer an die Aufkirchener Schüler verteilte.

In 60.000 Exemplaren (eine enorme Zahl, denn München hatte damals ein halbe Million Einwohner!) druckte der Verlag Carl Schnell die 64-seitige Schrift. Sie enthielt nach einem biographischen Überblick von Ernst Weber den Aufsatz »Was ein alter Theaterzettel erzählt«, in dem Dr. Karl Trautmann die »Reliquie« einer Münchner Aufführung von Schillers Drama »Die Räuber« durch eine Theater-Wandertruppe paraphrasiert: Bereits zwei Jahre nach der Mannheimer Uraufführung des Dramas kündigte der Theaterzettel eine nach fünfstündiger Erstaufführung zweite, »gekürzte« Aufführung an, die im Faberbräu in der Sendlingergasse am »Mondtag den 26. Jänner 1784« stattfand.

---

[10] Graf, Zurück zur Sentimentalität! – Sonderbares Vorwort zu einer geplanten Sammlung alter und neuer Lyrik. In: Reden und Aufsätze. A. a. O. S. 427.

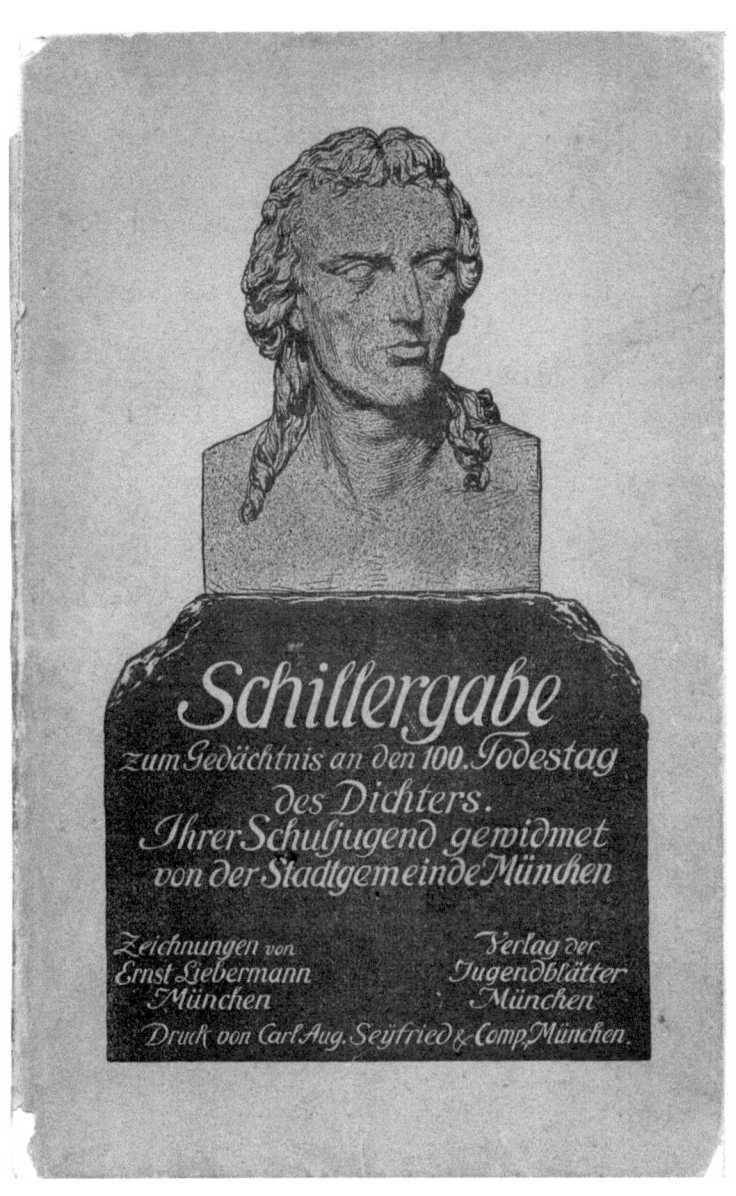

Einband der »Schillergabe« von 1905

Nach diesem Aufsatz, der in die zeitüblichen patriotisch-vereinnahmenden Hymnen mündet und für die »Jahrhunderttotenfeier des großen Dichterkönigs« (Ernst Weber) »Feuerzeichen [...] von unseren altbayerischen Bergen« voraussagt, folgen »Das Lied von der Glocke« und weitere sieben Balladen mit vielen Abbildungen des damals berühmten Illustrators Ernst Liebermann. U.D.

Ulrich Dittmann
Oskar Maria Graf und Adalbert Stifter

Er war der dritte Jubiläums-Autor des vergangenen Jahres mit dem 111. Graf-Geburtstag.
In Schillers Todesjahr in Südböhmen geboren, wurde Stifter 2005 vor allem im Dreiländereck von Tschechien, Österreich und Bayern zum 200. Geburtstag gefeiert. Nachdem ich schon seit 1970, also lange vor dem Engagement für Oskar Maria Graf, viel Zeit und Energie auf Edition und Kommentierung seines Werkes verwandte und immer wieder auf die angebliche/scheinbare Unvereinbarkeit beider Namen angesprochen wurde, bietet das Jubiläum einen Anlaß aufzuweisen, was beide Autoren nebeneinander im Regal und auch im geistigen Haushalt eines Germanisten existieren läßt.

Zunächst gibt es die zwei Graf-Briefe aus Kriegs- und Nachkriegszeiten, während derer man, durch die Auflagenstatistik nachweisbar, Stifter intensiv las: Am 20. Mai 1915 empfiehlt Graf aus der Masuren-Etappe in einer »sehr sentimentalen« Stimmung der Hanna Romacker »ein klein wenig Bücher«. Nach zeitüblich-aktuellen Titeln von Dostojewski, Wedekind, Halbe und Gerhart Hauptmann folgt: »Am schönsten ist ja doch Adalbert Stifter, dessen ›Hochwald‹ überhaupt eine der besten Novellen im deutschen Schrifttum ist«.

Der spätere Brief schätzt eine andere Stifter-Erzählung ebenso superlativisch ein. An Else Fischer, die mit ihrem Mann Gustav die wichtigsten Briefpartner während des Exils war, schrieb Graf am 16. Januar 1949: »Daß Jörg [d. i. der Fischer-Sohn] Stifter so liebt, daß er über den ›Witiko‹ eine Doktorarbeit macht, hat mich seltsam berührt. Ich bin nämlich in der letzten Zeit – und wenn ich sehr bedrückt und zweifelnd bin, tu ich das immer wieder! – auch einmal darangegangen, viele sogenannte klassische Literatur in deutscher Sprache zu lesen, gleichsam, um mich zu kontrollieren. Und da kam ich zu einem überraschenden Ergebnis: Stifter überragt an Sprachkunst, an großer Sicht und epischem Atem alle. Ich las ihn mit 17 Jahren, dann mit ungefähr 25 [das war nach der Zeit des Romacker-Briefs] nochmal, dann Teile davon einmal in Brünn anno 36 und jetzt wieder! Es ist unwahrscheinlich, wie biblisch groß, wie einfach und näher Stifter wirkt als sogar Goethe! Ich halte zum Beispiel ›Abdias‹ trotz des Widerspruchs vieler Kenner als die größte deutsche Erzählung der Weltliteratur! Man muß sowas allerdings lesen mit ausgeruhtem Kopf, etwa in den frühen Morgenstunden, wenn man fähig ist, auf jedes Wort, auf all den Tiefsinn in der Einfachheit und auf all die Bildgewalt zu reagieren.«

Der zeitliche Bogen von 1915 bis 1949 überspannt übrigens auch die Zeit, für die Thomas Manns intensive Stifter-Lektüre bezeugt ist: Daß der Nobelpreisträger beide Autoren – Stifter und Graf – als maßstabsetzende Repräsentanten ihrer je spezifischen Erzählkunst verstand, verbindet die Namen.

Die Aufzählung der Korrespondenzen läßt sich fortsetzen: 1949 brachte das sechste Heft des ersten Jahrgangs der von Johannes R. Becher und Paul Wiegler begründeten, von Peter Huchel redigierten, großen Literatur-Zeitschrift *Sinn und Form* den Erstdruck des »Lehrer Männer«, der auch die Schiller-Erinnerung enthält. Das umfangreiche Prosastück steht unter einem Stifter-Motto: »Erziehung ist nichts als Umgang ... Der Unterricht ist viel leichter als die Erziehung. Zu ihm darf man nur etwas wissen und es mitteilen können. Wenn aber einmal jemand etwas ist, dann, glaube ich, erzieht er auch leicht.« Die pauschale Quellenangabe: »Adalbert Stifter im ›Nachsommer‹« wird ab 1950 beim Abdruck in »Mitmenschen« durch einen für Kenner wichtigen Zusatz: »Bd. III« ergänzt. Wichtig ist die Angabe, weil Graf damit zeigt, daß er nicht in der für seine Generation üblichen verstümmelten »Nachsommer«-Ausgabe las, sondern die erst 1918 wieder von seinem späteren Bekannten Max Stefl edierte vollständige Fassung besaß.

Das Stifter-Zitat bildete übrigens ein wichtiges Argument dafür, die Schulen in Aufkirchen und Neufahrn nach Oskar Maria Graf zu benennen. Für beide schrieb ich ministeriell erforderliche Würdigungen des Patrons als pädagogisches Vorbild, auf dem man in Bayern für die Namensgeber der Schulen besteht.

Abschließend eine Parallele, die dicht an Schreibimpulse der beiden Autoren heranführt: Am 29. November 1859 entwirft Stifter seinem Verleger brieflich den Wunschtraum einer »Nachsommer«-Existenz: »Der Gedanke ist zu schön, als daß er einmal wahr werden könnte. Und doch sollte der Versuch gewagt werden. Wir Menschen plagen uns ab, um die Mittel zum Leben zu erwerben, nur das Leben lassen wir dann bleiben.« Und Graf schrieb 100 Jahre später, am 3. Mai 1959 an die Fischers, deren Sohn über Stifter promovieren wollte: »Leben, leben muß man, meine ich, leben und sonst nichts. So einfach klingt das, und keiner kann's!«

Bei seinen Lesungen entläßt Jörg Hube das Publikum mit eben diesem Zitat – einer Art Graf-Summe, die als Frage die Zuhörer beunruhigend heimbegleitet.

IV. Editionsfragen

Ulrich Dittmann
Wie Oskar Maria Graf seine Erzählungen bearbeitete und herausgegeben hat

Daß es »relativ schwierig [sei], das Erzählwerk zu überschauen«[1], bemerkt Wulf Kirsten in der von ihm veranstalteten Sammlung von Kalendergeschichten Grafs – eine Feststellung, die ich nach jahrelangem Bemühen um einen Überblick als ein dezentes Understatement von Grafs Briefpartner und Werkherausgeber verstehen möchte. Der Überblick ist nicht nur schwierig, er erscheint so gut wie unmöglich. Trotz dieser notwendigen Ergänzung bin ich Wulf Kirsten dankbar, daß sich mein Versuch einer Darstellung nicht nur auf sein Urteil, sondern auch seine Entscheidungen berufen kann. Die Kriterien des sympathisierenden Autor-Editors können im gegebenen Fall die Philologisch-editorischen ergänzen und stützen. Denn Kirsten setzte durch seine Auswahl den autoreigenen Erzähl-Editionen einen gültigen Schlußstein.

Mit dem weltliterarisch anspruchsvollen, einer Graf-Geschichte entliehenen Haupttitel »Raskolnikow auf dem Lande« bildet seine Publikums- oder Leseausgabe eine Summe ohne die sonst übliche Stadt/Land-Aufgliederung, die auch Graf selbst zu nivellieren bemüht war.

Eine Gesamtausgabe der Graf-Erzählungen, die wissenschaftlichen Ansprüchen genügt und die Kirsten in seiner Nachbemerkung auf »mehrere Bände« veranschlagte, setzt aber noch die Entwicklung weiterer, eigener Kriterien voraus.

Wie der Autor als editorische Autorität bei einer Werkausgabe zu berücksichtigen sei, auf diese Frage muß erst noch eine Antwort erarbeitet werden. Im folgenden versuche ich eine Richtung dafür anzudeuten.

---

[1] Oskar Maria Graf, Raskolnikow auf dem Lande. Kalendergeschichten. Berlin und Weimar 1974.
Die Nachbemerkung zu dieser Ausgabe S. 597 f. ist gezeichnet W[ulf]. K[irsten]. W. K. war damals Lektor im Aufbau-Verlag.

Oskar Maria Graf hat Teile seiner vor dem werk- und lebensentscheidenden Jahr 1933 erschienenen, von ihm selbst zusammengestellten neun Sammlungen: »Zur freundlichen Erinnerung« (1922), »Bayrisches Lesebücherl« (1924), »Finsternis« (1926), »Wunderbare Menschen« und »Im Winkel des Lebens« (beide 1927), »Das bayrische Dekameron« (1928) und die sicher wichtigsten »Kalendergeschichten« (1929) mit ihren zwei Teilen »Geschichten vom Land« und »Geschichten aus der Stadt« wiederholt neu bearbeitet, er hat sie in fremden Kontexten und auch in Auswahlen publizieren lassen, die sich aus verschiedenen seiner Sammlungen zusammensetzten.

Für zwei Sammlungen, »Dorfbanditen« und »Notizbuch des Provinzschriftstellers«, beide 1932, verbaute die deutsche Geschichte neuere Ausgaben[2], auch noch bis in die Zeit nach 1945 hinein. Deutsche Geschichte hat auch in die Werk- und Wirkungsgeschichte der anderen Sammelausgaben entscheidend eingegriffen, und das nicht nur aufgrund äußerlicher Bedingungen wie NS-Zensur, Vertreibung des Autors und anfänglichem Desinteresse während der BRD-Restauration, sondern auch weil durch Grafs Programm, als politischer Autor aktuell wirken zu wollen, das Werk in den schier aussichtslosen Selbstwiderspruch verwickelt wurde, ältere Texte einer neuen Situation anzupassen. Hinter der Möglichkeit einer »Ausgabe letzter Hand«, die einem einfällt, wenn es um edierende Autoren geht, steht jedenfalls bei Graf ein großes Fragezeichen.

Dennoch plante Graf etwas ähnliches wie eine solche »Ausgabe letzter Hand«, und Hans Dollinger, der die umfangreichste Graf-Ausgabe »Gesammelte Werke in Einzelbänden« betreute, verwendet denn auch diesen Begriff für die von ihm ab 1975 redigierten 18 Graf-Bände des Süddeutschen Verlags.

Graf selbst schrieb am 9. April 1955 an Karl Dietz, den Gründer und Leiter des Greifen-Verlages in Rudolstadt, er wolle ein »erweitertes, bearbeitetes Manuskript (zum Teil natuerlich verbesserte gedruckte Geschichten aus der ehemaligen Ausgabe) senden, [...] sodaß diese endgueltige Kalendergeschichten-

---

[2] Den ersten Nachdruck des in seiner Zusammenstellung aufschlußreichen »Notizbuch 1932« brachte der Allitera Verlag 2002 heraus, bei dem auch dieses Jahrbuch erscheint.

ausgabe ein endgültiges Bild meiner Erzählart ergibt«[3]. Der Greifenalmanach 1956 warb für die »erweiterte Ausgabe von Kalendergeschichten in zwei Bänden« mit der Ankündigung, es werde ein »abgerundetes Bild der Erzählart des Dichters« gegeben. Die »Neubearbeitung und Zusammenstellung meiner seinerzeit im Drei Masken Verlag in München (vor Hitler) erschienen ›Kalendergeschichten‹ hatte der Autor bereits im Juli 1951 ›seit längerer Zeit‹ [...] in vier Einzelbänden mit Sondertiteln herauszugeben« (S.20) geplant. Erlebt hat er – neben diversen Dekameron-Neuausgaben und seiner »Mitmenschen«-Sammlung 1950 – selbst das Erscheinen von nur zwei Bänden wiederaufgelegter Erzählungen: Im Greifenverlag schrumpften die traditionell in »Geschichten vom Land/aus der Stadt« geteilten »Kalendergeschichten« auf nur einen Band, einem der letzten DDR-Privat-Verleger rationierte man 1957 das Papier für den seit 1953 beim Aufbau-Verlag in Misskredit geratenen Autor[4].

1962 erschien bei Desch in München »Der große Bauernspiegel«; mit diesem und dem auch in der BRD gedruckten »Dekameron« blieb er, wie er selbst beklagte, auf »bayrisches Urviech«[5] oder »Bauernbücher«[6] festgeschrieben.

Erst posthum kam 1975 die erheblich erweiterte, noch von Graf in Einzelheiten bestimmte Ausgabe von »Kalendergeschichten« heraus, die vor allem die Geschichten vom Land enthalten. Der Süddeutsche Verlag startete damit seine Werkausgabe in Einzelbänden und übernahm dafür 1982 seitenidentisch den »Bauernspiegel« vom Desch-Verlag. Die »Geschichten aus der Stadt«, z. T. dem zweiten Teil der »Kalendergeschichten« von 1929 entnommen und noch vom Autor als Gegengewicht zum Etikett des Bauernerzählers selbst konzipiert, erschien erst 1988 im Süddeutschen Verlag mit weiteren Geschichten aus dem

---

[3] Oskar Maria Graf, Briefe aus New York an seinen Rudolstädter Verleger Karl Dietz. 1950–1962. Hg. von Ulrich Kaufmann u. Detlef Ignasiak. München 1994, S. 35. – Bei weiteren Briefen aus dieser Ausgabe folgt die Seitenzahl im Anschluß an das Zitat.

[4] Vgl. Carsten Wurm, Der frühe Aufbau-Verlag 1945–1961. Konzepte und Kontroversen. Wiesbaden 1996, S. 81.

[5] Gerhard Bauer u. Helmut F. Pfanner (Hg.), Oskar Maria Graf in seinen Briefen. München 1984, S. 30, an Ernst Waldinger.

[6] Ebd. S. 324, an Kurt Pinthus.

Nachlaß unter dem Titel »Jedermanns Geschichten«. Den vierten, nicht mehr erschienenen Band plante Graf unter dem Titel »Sonderbare Geschichten« oder »Sonderbare Dorfgeschichten« (S. 45), für die er schon vier Texte reserviert hatte.

Dieser mehr als siebenunddreißigjährigen Genese des Editionsprojekts – vor 1951 begonnen, 1988 abgeschlossen und auch nur zu drei Viertel realisiert – lag im September 1951 der Wunsch zugrunde »mich bei allen Lesern in den verschiedenen Zonen Deutschlands in Erinnerung zu bringen« (S. 22). Ein von New York, seinem erstmals 1958 für eine Heimreise verlassenen Exilort, schwer einschätzbares Publikum in zwei deutschen Staaten blieb ein wichtiger Faktor in seinen Planungen. Das auf 1964 datierte zweite Vorwort zu den »Jedermanns Geschichten« zielt auf »Menschen zwischen vierzig und achtzig [...] Die heute Zwanzig- und Dreißigjährigen dürfte diese Sammlung kaum interessieren«.[7] Auch auf die Gefahr hin, »darüber ins Gras beißen«[8] zu müssen, hatte Graf dem Desch-Verlag freigestellt, für diesen, in seiner üblichen Selbstgeringschätzung zwischen Ganghofer und Karl May[9] angesiedelten Band auf einen geeigneten Zeitpunkt zu warten. Er dürfte kaum erwartet haben, daß dann noch mehr als zwanzig Jahre nach seinem Tod vergehen sollten, als es schon fast keine »Zonen Deutschlands« mehr gab.

Damit ist der Horizont für die Wirkungsgeschichte von Grafs neu bearbeiteten Erzählungen abgesteckt, an denen verlegerisches Interesse auch trotz eines veränderten Publikums auch dann noch festhielt, als die Büchergilde Gutenberg[10] ab 1986 die Erstfassungen von 1929 wiederauflegte, also hinter die Überarbeitungen »letzter Hand« zurückgegriffen hatte und erhebliche Resonanz erzielte: Als eine quasi »Centenar-Edition« übernahm der als Rechtsnachfolger des Süddeutschen Verlages angetretene

---

[7] Oskar Maria Graf, Jedermanns Geschichten. Mit einem Nachwort von Gert Heidenreich. München 1988, S. 9.
[8] Vgl. Anm. 4, S. 311, an Kurt Desch.
[9] Vgl. Anm. 4, S. 308, an Hans-Jochen Vogel.
[10] Oskar Maria Graf, Kalender-Geschichten I. Geschichten vom Land und Oskar Maria Graf. Kalender-Geschichten II. Geschichten aus der Stadt. In: Wilfried F. Schoeller (Hg.). Oskar Maria Graf Werkausgabe Band XI/2 und Band XI/3. Frankfurt/M. 1986.

List-Verlag 1994 die 16 Bände, obwohl es erhebliche Einwände gegen diese Ausgabe gab und gibt.[11]

Durch Grafs Überarbeitung seiner prägnant als »vor Hitler« bezeichneten Texte für eine »endgültige Ausgabe« sind alle Aspekte von Sammelausgaben betroffen: Auswahl, Abfolge, Titel und vor allem die erzählerische Form der Texte.

Mit exemplarischen Belegen für sprachliche und inhaltliche Elemente als wichtigsten Ansätzen von Grafs Herausgeberentscheidungen, nach denen etwa die Hälfte seiner Erzählungen neue Gestalt erhält, möchte ich beginnen: Durchgängig fallen Streichungen in der Erzählerrede auf. Die »massiven Anreden des Lesers«,[12] resümierende Zusammenfassungen und Kommentare finden sich vergleichsweise seltener in den späten Fassungen, der Stil des mündlichen Vortrags ist zurückgedrängt. Nach Walter Benjamin entfällt damit ein im Vergleich zum Romanschreiben wesentliches Element des Erzählens. Wilfried F. Schoellers Bemerkung zum »Kunstgriff der Mündlichkeit«[13], dank derer der Erzähler in seinen frühen Fassungen gleichsam Solidarität mit seinem Personal aufbaut und dieses für sein Erzählen exemplarische Geltung gewinnt, läßt sich nur eingeschränkt für viele Nachkriegserzählungen aufrecht erhalten.

»Und ob's nun einer glaubt oder nicht, so war es«, streicht Graf in seinem »vor-Hitler«-Exemplar der Kalendergeschichten, das im Nachlaß der Bayerischen Staatsbibliothek einsehbar ist; der Schluß »Nimm du, lieber Leser, eine Waage. Lege auf die eine Schale das Pech und auf die andere die Schuld und sag' mir, was nun hinzieht« entfällt ebenfalls. In der Erzählung »Ist's nicht immer so?« streicht Graf zwei, die düstere Hauptfigur des Textes rahmenden, durchaus kontroversen Kommentare, die vor allem am Schluß einen wesentlichen Akzent setzen. Die Veränderungen schaffen in Einzelfällen neue Texte und

---

[11] Der Setzer hatte sichtlich große Probleme mit den ausgedehnten Dialektpassagen. Außerdem werden Grafs Auszeichnungen bei seinem »gestischen Sprechen« in Dialogpassagen rigoros vereinheitlicht: Auszeichnungen, wie doppelte Frage- und Ausrufezeichen, oder Pausenzeichen, die im Original zwischen zwei bis fünf Punkten variieren und die Schweigedauer angeben, werden sämtlich auf drei Punkte vereinheitlicht.

[12] Vgl. Anm. 9, Band XI/3, S. 370.

[13] Ebd.

veranlassen den zitierten Wulf Kirsten in einem prägnanten Falle von seinem Prinzip, »die Texte auf der jeweils letzten autorisierten Druckfassung« fußen zu lassen, abzuweichen. Bei der Geschichte von den »Lästigen Handwerksburschen/Tippelbrüdern« liegt zwar keine der fragwürdigen Aktualisierungen vor, aber ein Vergleich erhellt, warum der Herausgeber der »Raskolnikow«-Sammlung in diesem Fall auf die Fassung von 1929 zurückgriff. Zusammenfassen läßt sich der Vergleich, den ich hier durch synoptischen Druck ausgewählter Passagen dem Publikum überlassen möchte (vgl. Anhang S. 103–109), mit dem Begriff einer gewissen »Befangenheit«, der auch den im oben zitierten Vorwort Verzicht auf junge Leser zu motivieren scheint.

Inhaltlich geänderte Passagen unterstützen diesen Eindruck: »Das Aderlassen« aus »Finsternis« (1926) erzählt die Geschichte von einem Bauernsohn, der durch einen vom Zaun gebrochenen Streit und Mord seinem zur Hofübergabe unwilligen Vater zu Leibe rückt, aber juristisch nicht dafür belangt wird, weil der Richter weder Motivation noch die geschickte Planung erkennt. Sie schließt in der »vor-Hitler«-Fassung: »So saudumm sind die Richter –«. Die Nachkriegsfassung verändert nur einen, eben den Schluß-Satz zu »So saudumm *war der* Richter.« Der Mut für die Generalisierung aus den 20er Jahren hat den Erzähler verlassen, seine allgemeine Kritik an einer für bäuerliche Verhältnisse verständnislosen Justiz gerinnt zum Kommentar eines Einzelfalls, der auch noch als vergangener erzählt wird.

Bei der Kurzgeschichte »Es stirbt wer ...« schränkt Graf den weit ausholenden Anfang ein: »Vor-Hitler« begann er: »Für kranke Leute hat man bei uns nicht viel übrig [...] Darin gleichen wir auf irgendeine Weise unseren Vorfahren, den alten Deutschen. Nämlich von denen haben wir auch in der Schule gelernt: ›Ein krankes Kind wurde gleich bei der Geburt getötet [...]‹«. Die Nachkriegsfassung setzt ein: »Auf einem Bauernhof, wo es jahraus, jahrein haufenweis' Arbeit gibt, hat man für kranke Leute nicht viel übrig« – die Ausweitung auf nationale Mentalität schrumpft auf ein spezifisches Milieu, von dem sich der Leser überlegen abwenden kann.

Die »Befangenheit« gegenüber stofflicher Zuspitzung oder Prägnanz bestätigen viele Kürzungen. Graf läßt sich beim Erzählen auch nicht mehr die Zeit, die er in seinem Ludwig-Thoma-Essay als so wesentlich betonte.

Außerdem äußert er Zweifel am Sammlungstitel »Kalendergeschichten«, der sich immerhin bei Brechts erfolgreichstem Buch sehr bewährt hatte: Aber er hatte keinen Passenderen (vgl. S. 38 f. u. S. 65). Brieflich erwägt er mal »Geschichten vom Hörensagen« oder »Einfache Geschichten« und für die späteren »Jedermannsgeschichten« den Titel »Im alten Stil erzählt«[14], d. h. er will – vorauseilend – Leseerwartungen einschränken, herabstimmen und scheint sich seiner Sache nicht ganz sicher. Die von ihm dringend gewünschte Ergänzung zu »Kalendergeschichten«: »Zweite durchgesehene und vermehrte Auflage« (vgl. S. 39) unterblieb sowohl beim Greifen- wie beim Süddeutschen Verlag, beide wollten wohl an den Erfolg der »vor-Hitler«-Fassung anknüpfen, vielleicht auch das Werk original und nicht nur als Neuauflage erscheinen lassen, die es auch nur bedingt war.

Eine gewisse Unsicherheit spiegeln auch Aktualisierungen der Verhältnisse in der Weimarer Republik: Graf überträgt Stoffe aus der Zeit nach 1918 mehrfach auf Nachkriegsverhältnisse. Die Erzählung »Dreimal ist einmal«, als Höhepunkt an den Schluß der Greifen-Auswahl von 1957 gesetzt, macht aus der wegen Abtreibung verurteilten Braut eines Arbeitslosen eine Prostituierte, die sich mit »den ›Amis‹ eingelassen« hatte. Ihr Bruder beteiligt sich an Demonstrationen von Erwerbslosen. Er protestiert auch gegen Familienangehörige, die noch vom Führer träumen, verliert aber trotz Kriegserinnerungen und Verwicklungen um die Schwester nicht seine Zuversicht auf eine veränderte Verhältnisse im Sinne damaliger Literaturdoktrin. Denn die Erfahrung solidarischer Mitgefangener des verbotenen »Kommunistischen Erwerbslosenausschuß«, die ihm die Adresse ihres Büros verraten, geben dem Jungen in der Nachkriegsfassung ein konkretes Ziel vor, während er in der »Vor-Hitler«-Version sich nur im Einklang mit einer »unsichtbaren Legion« Gleichgesinnter fühlte. Probleme bei diesem Text bereitet auch, daß sich die Arbeitslosigkeit der Weimarer Republik nicht nach 1945 wiederholte – Demonstrationen in München, wo die Erzählung situiert ist, galten der 40-Stun-

---

[14] Vgl. Anm. 4, S. 300, an Robert Warnecke.

den-Woche, dem Betriebsverfassungsgesetz und arbeitsrechtlichen Fragen.

Auf andere Weise beschädigt die Aktualisierung regelrecht die Geschichte »Der glückliche Brauch«: Zunächst berichtete sie mit gewisser Genugtuung davon, wie ein Kleinhäusler bei den reichen Nachbarn für seine Goldene Hochzeit sammeln geht, die Spendenbeträge listenmäßig eintragen läßt und zum größten Teil seinen Kindern als gutes Erbe vermachen kann. Die Nachkriegsfassung stellt in einem Vorspann fest, daß man auf dem Lande »dem Hitler nichts« nachtrage, weil der die alten Bräuche – im gegebenen Fall durch Winterhilfssammlungen, bei denen die Spenden auch listenmäßig erfaßt wurden – wieder belebte. Die Moral der ersten Fassung: »Von der ehrlichen Arbeit ist noch keiner reich geworden«, und wer als Häusler was vererben will, muß sich was einfallen lassen, geht dabei verloren und wird gestrichen: Auf die amüsierende, bauernschlaue Bereicherung fällt ein brauner Schatten der Listensammlungen fürs Winterhilfswerk und verbiegt die geradlinige Erzählung.

Der besondere Pazifismus der bäuerlichen Bevölkerung, der eine Reihe von Texten durchaus bestimmt, wird im abschließenden Text des »Bauernspiegels« von 1962, den Graf besonders schätzte, merkwürdig relativiert: »Es wird nirgends so erbittert auf Hitler geflucht und geschimpft wie in Enzhofen, weil er den Krieg nicht gewonnen hat.« Gegen die in den beiden neuen DDR- und BRD-Kalendergeschichtssammlungen an erste Stelle gerückte »beste Geschichte«(S. 95), die historische Erzählung »Triumph der Gerechten«, die Bauern als exemplarische Opfer zeigt, tritt mit der Schlußerzählung des »Großen Bauernspiegels« ein gegenläufiger Ton an. Wulf Kirsten hat diese Erzählung nicht in seine Sammlung aufgenommen.

Meine Folgerung aus den verwickelten Sammlungszusammenhängen und der Einsicht in die jeweils überlegten/von den Zeitverhältnissen diktiert geglaubten Herausgaben Grafs läßt mich für Neudrucke der Erstausgaben plädieren, die leider auch von den Bänden der »Centenar-Ausgabe« nur bedingt befolgt wird. Grafs Sorge um Schriftgrad, Illustrationen und Einband lassen für entsprechende Faksimilierungen plädieren. Den Erstausgaben als Bezugstext könnten über die Inhaltsverzeichnisse in synoptisierenden Listen die diversen Journal- oder Buchdrucke zugeordnet werden. Die Ausgaben letzter Hand sollte man – bei allem Respekt vor dem letzten Autorwillen – als Zeugnisse einer bedrückenden Entfremdung vom Publikum verstehen, man sollte ihnen jedoch nicht bei Neuausgaben folgen. Notwendig erscheint damit die künftige Vermeidung pauschaler Hinweise auf »Kalendergeschichten«: Bei Zitaten ist den einzelnen Texten stets deren Erscheinungsdaten zuzuordnen – denn pauschal von Grafs »Kalendergeschichten« zu sprechen, ignoriert die biographisch bedingten Differenzen zwischen den jeweiligen Fassungen.

Anhang

Auf den folgenden Seiten wird im synoptischen Druck der Unterschied ausgewählter Passagen aus den inhaltlich gleichen Geschichten »Die lästigen Handwerksburschen« (von 1929) und »Die lästigen Tippelbrüder« (von 1962) deutlich.　　　　U.D.

Oskar Maria Graf
Die lästigen Handwerksburschen

Eine wahre Geschichte
Kalendergeschichten I. München, Berlin: 1929, S. 209–220.

Zwei Handwerksburschen trafen sich an der Murlinger Straßenkreuzung. Der eine kam von Sesselbach her, der andere von Attenkofen. Sie beschnüffelten sich gegenseitig kurz mit den Blicken und gewannen allem Anschein nach Vertrauen zu einander.

»Wo wuist du hi?« fragte als erster der Oberbayer, ein untersetzter Metzgergeselle mit einem harmlosen Gesicht.

»Woscht du hi'willscht!« gab ihm der kleine hagere Schwabe zur Antwort, lachte ein wenig und kniff dabei seine listigen Äuglein zusammen.

[....]

Blitz um Blitz zuckte, Donner auf Donner krachte. In großen Sätzen liefen die zwei dahin und erreichten kurz vor dem Dorf den Heustadel vom Remschneider. Dort verkrochen sie sich.

[....]

Sie hockten sich auf den Boden und verzehrten mit größtem Appetit Wurst und Brot. Das Wettern hörte nicht auf. Dunkler und dunkler wurde es draußen. Der Schwabe lugte ab und zu durch das runde Tennentorloch. »Is sowiaso scho Nacht!« brummte er nebenher. Das Gewitter ebbte langsam ab.

»So – und jetz no a Zigaretten ... Do«, sagte der Metzger aufstehend, gab dem Genossen eine und zündete sich die seine an. Auch der Schwabe wollte aufstehen, hatte schon seine flachen Hände stützend auf den Boden gedrückt, blieb aber auf einmal wieder sitzen und drehte sich rasch um. »Ho-halt auf, da greif i was, da – da a Kerzn! Leicht her da!« rief er hurtig und kramte auf dem dunklen Boden herum. Als der Bayer das zweite Streichholz hinhielt, entdeckten die zwei etwas sehr Sonderbares. Auf dem Boden, schroff am Rand der meterhohen Holzplanke, hatte jemand unter einem verdeckenden Heubüschel zwei Kerzen aufgestellt und drum herum lagen

Oskar Maria Graf
Die lästigen Tippelbrüder

Der große Bauernspiegel. Dorfgeschichten und Begebnisse von einst, gestern und jetzt. Wien, München, Basel: 1962, S. 310–315.

Zwei Tippelbrüder trafen sich an der Murlinger Straßenkreuzung. Der eine kam von Sesselbach her, der andere von Attenkofen. Es war tief am Nachmittag, und die Hitze ließ schon ein wenig nach.

»Wo machst hin?« fragte der Ältere, ein hagerer Mensch mit verwegenem Bartstoppelgesicht und etwas stechenden Augen.

»Der Nosn noch und zwischen die Ohrn durch, wennst genau wissen willst« lachte ihn der Jüngere, ein gedrungen gebauter Bayer, an. [...]

Die zwei liefen, was sie konnten und erreichten am Ende des Forstes einen einsamen Heustadel. Dort verkrochen sie sich.
[...]
Geruhig kauten und schmatzten sie. »Die Gegend hat den Krieg überhaupt nicht gerochen«, sagte der Ältere zwischenhinein: »Gibt nicht viel Flüchtlinge hier ...«
[...]
»Zünd amoi her do ...« rief der Junge unwillkürlich gedämpfter. Als das Streichholz aufflammte, entdeckten sie etwas sehr Sonderbares. Auf dem Boden, scharf am Rand der meterhohen Holzplanke, hatte jemand unter einem verdeckenden Heubüschl zwei Kerzen aufgestellt, und drum herum lagen fein säuberlich kleingeschittene Holzspäne.

Verblüfft schauten die zwei einander an. Das abgebrannte Streicholz fiel dem Älteren aus den Fingern. Schnell drückte er es aus.

»Hm ... Wart mal«, raunte er hastig und zündete ein neues an.

»Huit! ... Jetzt do schaug ... Hmhm«, machte der Bayer: »Do möcht sich oana selba obrenna –«

»Und sich von der Versicherung gesund machen«, ergänzte der andere [...]

fein säuberlich kleingeschnittene Holzspäne. Die Absicht war klar. Verblüfft schauten die zwei einander an. Das abgebrannte Streichholz fiel dem Bayern aus der Hand. Schnell und vorsichtig zertrat er's.

»Huit«, raunte der Schwabe hastig ins Dunkel: »Da will oin'r glei gar Feir lega!«

»Pfeilgrod! ... Nix anders!« bestätigte ihm sein Kamerad ebenso. Eine kurze Weile überlegten sie schweigend. Geschreckt waren sie. Totenstill war es rundum, nur das leicht stockende Schnauben hörten die zwei voneinader.

»Dias meldn mir am beschta gleich beim Burgamoist'r!« sagte endlich der Schuster und sie berieten sich kurz.

[....]

»Herr Burgamoist'r, mir hättat an Brand zu vermelda!« sagte der Schustergesell mutig und trat näher.

»An Brand? ... Wo denn?«

[...]

»Noi, noi, eigatlich – brenna tuats no ita, ab'r Brand lega will oin'r!« erklärte der Schwabe und nun gewann auch der Metzger Mut. Sie erzählten gedämpft, was sie im Remschneiderstadel gesehen hatten, sie beschworen es.

»Soso, beim Remschneida drauß'n?« sagte nach all dem der Bürgermeister und schien recht zufrieden zu sein: »Soso, a so mächt's der ogeh' ... Der Bazi!« Er schaute hinaus in die geschlagene Nacht.

[*Der Stadl brennt in der Nacht, aber der Bürgermeister als Feuerwehrhauptmann wehrt sich, ihn löschen zu lassen.*]

Der Bürgermeister hingegen reckte sich auf das hin sofort hoch auf und schrie rundherum: »Dös gibt's net, daß dö Sesselbacha oder dö Attenkofer Feirwehr do ei'greift! ... Do muaß sofort Botschaft to werdn, daß ois bloß a Lumperei is! Marsch, marsch! Glei fahrn a poor Radler umanand und geben's iahna z'wissen ... It daß's no daherkemma aa und müassn wieda hoam!«

Und wirklich, auf der Stelle liefen etliche ins Dorf und fuhren zum diesbezüglichen Botschaftgeben in die Nacht.

»Sauhund, windiga!« brüllte der Vestl und wollte auf den Bürgermeister los. Wiederum wurde er überwältigt. Diesmal war es schon eine richtige Rauferei.

[*Sie melden sich beim Bürgermeister, der sie zu »direktn Tatzeugn« erklärt. Als es in der Nacht brennt, verbietet er die Löscharbeiten.*]
»Nix werd gemacht, Leut ... Dös is der Bazi, der Remscheider selber gwen!« überbrüllte der Bürgermeister alle. Und schnell wurde es still. Und viel gedämpfter, in aller Hast, berichtete er den verdutzten Nachbarn. Ganz genau hatte er sich den Kampfplan überlegt,
»Glei werd er z'sammpackt, der Lump, der elendige!« sagte er zum Schluß, bahnte sich mit den zwei »direkten Tatzeugen« [...] einen Weg durch die Leute, und kaum waren sie auf der Straße, fingen sie zu laufen an. Direkt auf das Remscheiderhaus rannten sie zu.
[...]
»Nix werd glöscht ... Soll's nur z'sammbrenna enker Kaluppn ... So geht's solcherne Lumpn!« schrie der mordsmäßige Bürgermeister von der Türe aus in die aufgeregten Leute hinein, und als jetzt von Attenkofen her ein Sturmläuten kam, als man schon die dortige Feuerwehr vom Berg herunterfahren sah, brüllte er noch unbarmherziger: »Dös gibt's net! ... Do muaß Botschaft gebn werdn, daß dös koa richtigs Brenna is ...« Aber die Attenkofer kamen doch – bloß war der Stadel schon niedergebrannt bis auf die niederen Zementmauern, als sie zu spritzen anfingen. Dabei gab es, weil der Bürgermeister und viele Murlinger es ihnen verwehren wollten, ein heftiges Streiten, das fast zu einer Rauferei gekommen wäre, wenn nicht einige herzhafte Weiber zwischen die ergrimmten Mannsbilder gesprungen wären und die Hitzköpfe davongezerrt hätten. Kurz und schlecht – das war nicht bloß die bewegteste, es war auch die folgenschwerste Nacht, die Murling je erlebt hatte.
[...]
In Murling sah es, nachdem der Remscheider heimgekommen war, direkt nach Mord und Totschlag aus. Das ganze Dorf war in ständiger Aufregung und schlug sich sofort auf die Remscheiderseite. Der Bürgermeister Hosp verschloff sich und gab sein Amt auf, auch Feuerwehrhauptmann war er nicht mehr. Aber es kam noch viel ärger. Wegen Amtsanmaßung, schwerer Verleumdung und – weil er den Remscheiderstadelbrand nicht

Damit ich's kurz sage – Schließlich zerstreute sich der Haufe doch, ging heim und legte sich zufrieden ins Bett.

[*Daß ein Knecht als Brandstifter entlarvt wird, entlastet Remschneider: Rehabilitiert wird er Feuerwehrhauptmann und Bürgermeister, sein Vorgänger aber empfindlich bestraft.*]

Ja, wahr ist's, ein böses Durcheinander, Streitigkeiten und Raufereien, heftige Feindschaften hatte dieses Vorkommnis in Murling heraufbeschworen! Schließlich aber – wer war denn dran schuld, daß es so gekommen war. Bloß die zwei Handwerksburschen! Bloß diese zwei lästigen Kerle, die da auf einmal auftauchten und anzeigten!

Mit dieser Erkenntnis kamen sozusagen die aufgeregten Murlinger wieder zum Frieden. Warum auch nicht?

Jeder sagt's heute, sagt's wie der Bürgermeister dazumal bei der Verhandlung: »Warn dö net kemma und hätt'ns o'zoagt, war oi's net passiert! ... Wos geht denn solcherne Lumpn's Gsetz o'?! ... A Lump bleibt a Lump und bringt bloß dö rechtschffna Leit durchananda! ... I sog amoi sovui, wenn heunt no' amoi so a Bazi kemmert und tat wos o'zoagn, den hauert i außi, und dös wia!«

Seitdem wird jeder Handwerksbursche, wenn er vor eine Murlinger Haustür kommt, schäbig und saugrob davongejagt. Recht und Gesetz haben zwei Seiten. – –

löschen ließ – absichtlicher Sachbeschädigung wurde ein Verfahren gegen ihn anhängig gemacht.
 [...]
 Schließlich aber – wer war an allem schuld? Jeder in Murling sagt es heute noch: »Bloß dö zwoa windigen Handwerksburschn! ... Was müssen sich denn solcherne Lumpen ins Gsetz einmischn? ... Lump bleibt Lump und bringt bloß die rechtschaffnen Leut durcheinander ...«

Seitdem wird jeder Bettler, der vor eine Murlinger Haustür kommt, saugrob und unbarmherzig davongejagt. –